Guillemets 3

Français • 2ᵉ cycle du primaire   **Cahier d'activités**

Écriture

Murielle Villeneuve

ERPI
ÉDITIONS DU RENOUVEAU PÉDAGOGIQUE INC.

5757, RUE CYPIHOT, SAINT-LAURENT (QUÉBEC) H4S 1R3
TÉLÉPHONE: (514) 334-2690   TÉLÉCOPIEUR: (514) 334-4720
erpidlm@erpi.com   www.erpi.com

Directeur de l'édition
Pierre-Marie Paquin

Correctrices d'épreuves
Marthe Bouchard
Odile Dallaserra

Recherchiste (photos et droits)
Colette Lebeuf

Directrice artistique
Hélène Cousineau

Coordonnatrice graphique
Denise Landry

Couverture
Frédérique Bouvier

Conception graphique
Sylvie Morissette

Édition électronique
Fenêtre sur cour

Illustratrices
Chantal Audet : pages 6, 31, 33-35, 69, 87, 89, 96, 112-114, 116-118, 123, 128, 131-133, 156-159.

Christine Battuz : pages 1, 2, 4, 7, 9, 13-15, 26, 27, 36, 37, 40-42, 44-50, 52, 56, 57,61,62, 65, 67, 71, 74, 76-78, 80-83, 85, 86, 88, 92-94, 96, 98, 101, 103, 105, 107, 121, 122, 125, 127, 129, 134, 136, 137, 140-146, 148, 149, 151, 152, 160, 165.

Rédactrice
Textes des pages 6-9, 12-14 : Marie-Claude Rioux

Sources iconographiques
Page 1 Photothèque ERPI (en haut), Insectarium de Montréal / René Limoges (en bas), pages 8, 19, 20, 23, 24 Photothèque ERPI, page 52 Dominique et compagnie/Stéphane Poulin, page 53 Les éditions de la courte échelle inc. / Pierre Charbonneau, page 68 Photothèque ERPI, page 72 L. David Mech, page 97 Paul Cimon, page 104 Photothèque ERPI, page 108 Roy Export Company Establishment, page 109 Bettman/CORBIS.

Abréviations et pictogrammes utilisés dans ce cahier

 Ce pictogramme t'indique qu'il y a des fautes dans le texte.

Ce pictogramme t'invite à consulter un dictionnaire.

* L'astérisque te signale que le mot est défini à la suite du texte.

1re pers. s.	1re personne du singulier
1re pers. pl.	1re personne du pluriel
GS	groupe sujet
GV	groupe du verbe

adj.	adjectif	N	nom
dét.	déterminant	pl.	pluriel
f.	féminin	pr.	pronom
GN	groupe du nom	s.	singulier
invar.	invariable	V	verbe
m.	masculin		

Remerciements

L'auteure et l'éditeur remercient les personnes suivantes pour leurs commentaires judicieux au cours de l'élaboration de cet ouvrage : Madame Annie Campeau, enseignante, École J.-P.-Labarre, Commission scolaire des Patriotes ; madame Nicole Grenon, enseignante, École de La Pommeraie, Commission scolaire des Patriotes ; madame Danièle Legault, enseignante, École Bois-Franc, Commission scolaire Marguerite-Bourgeoys.

Dépôt légal : Bibliothèque et Archives nationales du Québec, 2007
Dépôt légal : Bibliothèque et Archives Canada, 2007

Imprimé au Canada
ISBN 978-2-7613-2157-0

1234567890 HLN 0987
10929 ABCD OF10

À l'élève

Tu as parcouru un bon chemin, en français, depuis ta première année scolaire. Tu sais maintenant lire des textes plus longs. Tu peux écrire des messages ou d'autres genres de petits textes.

Cette année, tu apprendras plusieurs nouvelles notions. Elles sont indispensables pour améliorer ta capacité à lire et à écrire toutes sortes de textes. Pour les assimiler, tu devras parfois faire appel à ton sens de l'observation et au raisonnement. D'autres fois, tu devras recourir à ta mémoire. Tu devras aussi mettre ces connaissances en pratique de nombreuses fois. C'est pour t'aider dans cet apprentissage que ce cahier a été conçu.

Bonne année scolaire !

L'équipe de *Guillemets*

Attention !

Avant de faire une activité, lis l'explication de la notion. Elle figure sur un fond jaune avant les activités qui s'y rapportent.

De plus, une **table des matières** et un **index des notions** peuvent t'aider, quand tu écris, à retrouver une explication ou des exemples.

Au sujet des consignes

Biffe un mot :   fais une barre sur le mot.

Souligne :   utilise une règle.

Surligne :   utilise un marqueur de couleur.

Relie :   fais un trait pour **relier** des mots entre eux.

Relis :   il s'agit de **relire** le texte ou les phrases.

Démarche de travail pour écrire un texte

Voici une démarche que tu peux suivre quand tu as un texte à écrire.

A. Planifie ton texte.

1° Précise ton sujet, ton intention, ton destinataire.

> Ex.: Mon sujet: Le lièvre.
>
> Mon intention: Décrire le lièvre.
>
> Mon destinataire: Les élèves de la maternelle.

2° Fais un plan: écris quelques renseignements qui te guideront quand tu écriras le texte.

Pour un texte qui raconte une histoire:

Début de l'histoire:

Le personnage principal, qui il est, ce qu'il fait.

Où et quand l'histoire se passe.

Milieu de l'histoire:

L'événement qui vient changer la situation.

Comment le personnage réagit, ses actions (les actions des autres personnages, s'il y en a).

Fin de l'histoire:

Comment l'histoire se termine.

Pour un texte qui décrit (quelque chose ou quelqu'un):

Introduction:

Le sujet dont je vais parler.

Développement:

Les différents aspects du sujet.

Ex.: **Les caractéristiques du lièvre.**

Son habitat.

Sa nourriture.

Conclusion:

Un commentaire sur mon sujet.

B. Rédige ton texte.

1° Écris le brouillon de ton texte (à double interligne) en suivant ton plan. Fais un nouveau paragraphe chaque fois que tu traites un nouvel élément de ton plan.

2° Relis souvent ce que tu écris. Pour être sûr d'être bien compris, fais attention au choix des marqueurs de relation, des pronoms et des déterminants.

Marqueurs de relation: (Voir page 28.)

J'ai apporté des sandales <u>et</u> des souliers. Je vais marcher <u>ou</u> courir.

Pronoms : (Voir page 70.)

Jules est parti. <u>Il</u> devait aller chez <u>lui</u>.

Déterminants : (Voir page 91.)

Il y a <u>des</u> tuques et <u>des</u> mitaines <u>au</u> vestiaire. <u>Les</u> élèves ont oublié <u>ces</u> vêtements.

C. Révise et corrige ton texte.

1° Relis **ton texte en entier** pour vérifier s'il est clair.

- Si tu le peux, lis-le à haute voix. Mets un X à côté des passages que tu dois améliorer.

- Si tu as oublié de faire des paragraphes, utilise le symbole // pour indiquer où les commencer.

- Si tu veux ajouter une idée, écris un chiffre à l'endroit correspondant. Récris ce chiffre à la fin de ton texte, suivi de ton idée. Tu intégreras ce passage à ton texte quand tu le transcriras au propre.

2° Vérifie le **vocabulaire** que tu as utilisé. Corrige les mots incorrects ou imprécis.

3° Relis ton texte **une phrase à la fois.**

- Vérifie si chaque phrase est bien construite, avec un groupe sujet et un groupe du verbe.

  GS   GV
  Les animaux ont quitté la scène.

- Si une phrase est trop longue, corrige-la.

- Vérifie si chaque phrase commence par une majuscule et se termine par un point. Surligne-les.

4° Mets un point d'interrogation au-dessus des mots dont tu n'es pas certain de l'**orthographe.**

- Vérifie ces mots dans le dictionnaire.

- Barre le point d'interrogation une fois ce mot vérifié et corrigé.

5° Vérifie tes accords dans les **groupes du nom** (GN). Écris au-dessus leur genre et leur nombre.

m. pl.   f. s.

Les mulots bruns n'aiment pas la chatte noire.

Le déterminant et l'adjectif ont le même genre et le même nombre que le nom.

6° Vérifie si les **pronoms** qui remplacent un GN ont le même genre et le même nombre que ce GN.

                 f. s.

J'ai une chatte. **Elle** est gracieuse.

7° Vérifie l'accord de tous les **verbes conjugués.** Écris la personne et le nombre au-dessus du sujet et trace une flèche du sujet au verbe.

2e pers. s.   1re pers. pl.   Le verbe s'accorde avec le sujet.
                                  Il est à la même personne et au
Tu jou**es**.   Nous ri**ons**.   même nombre.

D. Transcris ton texte.

1° Avant de transcrire ton texte, vérifie si tu as réglé toutes les questions que tu te posais.

2° Récris ton texte en soignant ta calligraphie et la présentation. Donne un titre au texte. Forme des paragraphes bien distincts.

3° Si tu devais retrancher ou ajouter des phrases, n'oublie pas de le faire !

4° Relis ton texte une dernière fois en t'assurant de ne pas avoir fait des erreurs de transcription.

Voilà, tu peux transmettre ton texte à ton ou tes destinataires !

Tu peux suivre cette démarche pour écrire dans toutes les matières.

Tes progrès en français et dans les autres matières seront alors plus rapides.

Table des matières

Index des notions

Le texte

Le sujet d'un texte

◎ Le **sujet d'un texte**, c'est <u>de quoi</u> parle un texte.

Par exemple, le texte suivant parle du guépard.

Son sujet est donc « le guépard ».

Le guépard est l'animal terrestre le plus rapide de la planète. Il peut atteindre la vitesse fulgurante de 110 kilomètres à l'heure.

Le corps du guépard est svelte. Sa tête est petite. Son pelage est jaunâtre avec des taches noires et rondes.

Les guépards vivent dans la savane, dans le sud de l'Afrique. Il n'y en a plus beaucoup, à cause de la chasse et de la disparition des forêts.

≫1 Quel est le sujet du texte suivant ?

Au Québec, il y a 80 espèces de coccinelles. La plus grosse est la coccinelle asiatique. On l'appelle ainsi parce qu'elle vient d'Asie. Elle mesure entre quatre et sept millimètres de long. Elle peut vivre jusqu'à deux ou trois ans. Elle se nourrit de petits insectes. Une coccinelle adulte peut manger jusqu'à 500 pucerons par jour ! Cet animal rend donc souvent service aux humains.

La coccinelle asiatique est la coccinelle la plus répandue au Québec.

Le sujet du texte est : _____

_____ .

2 Lis le texte, puis réponds aux questions.

_____

Notre voisin s'appelle Paul Rigodon.
Son nom fait sourire, car le « rigodon »,
c'est une très vieille danse. Monsieur Rigodon
aussi fait sourire tout le monde, car il est drôle.
Il fait semblant d'être très distrait. Par exemple,
l'autre jour, il a mis sa cravate autour de la taille
et sa ceinture autour du cou. C'était pour nous
faire rire !

a) Quel est le sujet du texte ?

Le sujet du texte est : _____ .

b) Donne un titre au texte. Écris-le au-dessus du texte.

3 Lis le texte, puis réponds aux questions.

_____

Hier, c'était jour de congé. Tom est allé faire une excursion avec
ses parents. Ils sont allés marcher dans une forêt. Près d'une rivière,
la famille a fait un délicieux pique-nique. Tout à coup, Tom a vu
un chevreuil qui les observait. Il a voulu prendre une photo, mais
le chevreuil s'est sauvé rapidement. Tom était quand même ravi
de son excursion.

a) Quel est le sujet du texte ?

Le sujet du texte est : _____ .

b) Donne un titre au texte. Écris-le au-dessus du texte.

Des renseignements pertinents et suffisants

◎ Quand tu écris, tes idées ou tes renseignements doivent se rapporter au sujet.

C'est ce qu'on appelle des **renseignements pertinents**.

◎ De plus, tes renseignements doivent être **suffisants** : il doit y en avoir assez pour qu'on comprenne bien de quoi tu parles.

≫1 Ce sera bientôt l'anniversaire d'Amélie. Son père aimerait organiser une fête. Son père lui dit : « Écris-moi comment tu imagines ta fête. »
Voici ce qu'Amélie a écrit.

1. Il y a autant de garçons que de filles parmi les invités.
2. La fête a lieu au parc, près de chez nous.
3. On joue d'abord au ballon ou à la statue de sel.
4. Je dois faire le ménage de ma chambre.
5. On fait un pique-nique.
6. Je vais mettre mes nouvelles barrettes.
7. Après le pique-nique, on joue à « Jean dit... ». Il faut un bon animateur.

a) Souligne, avec une règle, les renseignements qui sont pertinents. Les renseignements pertinents sont ceux qui vont permettre au père d'Amélie d'organiser la fête.

b) Selon toi, Amélie a-t-elle écrit suffisamment de renseignements pour que son père puisse organiser la fête ? ☐ Oui ☐ Non

c) Ajoute deux renseignements à ceux d'Amélie pour que son père puisse organiser la fête le mieux possible.

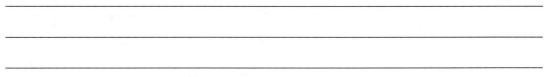

_____

_____

_____

_____

≫2 La tante de William est une excellente couturière.
« Envoie-moi la description d'un déguisement
que tu aimerais avoir, a-t-elle dit à William.
Je vais le confectionner. »
Lis le texte de William. Biffe les renseignements
qui <u>ne sont pas</u> pertinents.

« Biffe » veut dire
« barre ». Utilise toujours
une règle pour souligner
ou pour biffer.

Je voudrais me déguiser en cornet de crème glacée.
Voici comment j'imagine mon costume. Le bas de mon
corps est dans un tissu beige, semblable à un cornet.
Le haut de mon corps est dans une boule brune. Ma tête
est dans une boule blanche et rose. Il y a des trous pour les yeux,
la bouche et le nez. Sur la boule brune, il y a des morceaux de tissu
blanc et rose, en forme de goutte. Mon ami Thomas sera déguisé en
voiture de pompiers. Il a percé des trous dans une boîte rouge, pour
ses bras et ses jambes. Il aura une grande échelle en carton sur le dos.

William

Des renseignements pertinents et suffisants

>> **3** À la télévision, Annie a vu un animal étrange. Elle envoie un courriel à sa grand-mère pour lui parler de cet animal.

Lis le courriel d'Annie, puis réponds aux questions.

| Jeter | Répondre | Transférer | Envoyer |

De : Annie

À : Mamie

Bonjour mamie,

Tantôt, j'ai vu un animal bizarre à la télévision. Il a une grosse carapace. Son corps est très bas, il touche presque au sol. Ses pattes sont courtes mais vigoureuses. Il a des griffes puissantes au bout de ses pattes de devant. Il se nourrit de fourmis, de vers de terre et de termites. En un seul repas, il peut manger plusieurs milliers de fourmis. Il vit en Amérique du Sud. As-tu déjà vu cet animal ?

Je t'embrasse,

Annie

a) Selon toi, manque-t-il un renseignement important dans le texte d'Annie ?

☐ Oui   ☐ Non

Si oui, lequel ? _____

b) Quels autres renseignements Annie aurait-elle pu donner à sa grand-mère pour que celle-ci se représente bien l'animal ?

_____

_____

_____

_____

L'intention

© Quand tu écris un texte, tu as généralement une **intention**, c'est-à-dire un **but**. Par exemple, tu peux vouloir :

- raconter une histoire ;
- décrire quelque chose ou quelqu'un ;
- expliquer quelque chose ;
- exprimer ton opinion ou chercher à convaincre quelqu'un ;
- donner des instructions ;
- jouer avec les mots et les sons, etc.

 1 Voici trois textes qui portent sur le même sujet : les mangeoires d'oiseaux.

Lis chaque texte, puis indique l'intention de l'auteur. Choisis tes réponses dans la liste ci-dessus.

Fabrique-toi une mangeoire d'oiseaux !

Matériel nécessaire

Un carton de lait, lavé et séché

De la corde

Des ciseaux

Des crayons-feutres ou de la gouache

Marche à suivre

Découpe une petite fenêtre dans le carton de lait, à environ 2 cm de la base.

Colorie le carton avec des couleurs vives.

Perce deux petits trous dans le haut du carton.

Passe la corde dans les trous et fais un nœud.

Suspends ta mangeoire à une branche d'arbre ou attache-la à la rampe d'un balcon.

N'oublie pas d'y mettre des graines de temps en temps !

L'intention est de : _____ .

Cui-cui !

J'aime attirer les oiseaux dans ma cour.
Lorsque le printemps arrive, maman et moi
installons deux mangeoires : une sur le balcon
et l'autre suspendue au bouleau, près de
la fenêtre de ma chambre. C'est agréable
de se réveiller le matin en entendant
les oiseaux gazouiller. Si vous voulez
commencer la journée en douceur,
installez une mangeoire dans votre cour
ou sur votre balcon. Froufrous d'ailes,
gazouillis et bonne humeur seront
au rendez-vous.

L'intention est de : _____ .

Des mangeoires d'oiseaux

Les mangeoires servent à nourrir les oiseaux. Il y a toutes
sortes de mangeoires : en bois, en plastique, en métal. Il y en a des
rectangulaires, des carrées et des rondes. Les mangeoires sont souvent
suspendues à un arbre. D'autres modèles sont juchés sur le haut d'un
piquet. Les mangeoires ont de petits trous qui laissent sortir les graines.
Parfois, elles ont des rebords ; les oiseaux viennent s'y poser.

L'intention est de : _____ .

2 Quatre élèves ont écrit chacun un texte sur le flamant rose.
Indique l'intention de chaque élève, c'est-à-dire son but.
Choisis tes réponses dans la liste suivante.

- expliquer
- raconter une histoire
- jouer avec les mots et les sons
- décrire

Le texte de Maude

Le flamant rose est un oiseau très gracieux, avec de très longues pattes palmées. Il peut marcher dans plus d'un mètre d'eau sans mouiller son plumage. Son long cou lui permet de mettre la tête au fond d'un cours d'eau. C'est là qu'il trouve sa nourriture. Il plonge son bec dans la vase et la remue. Les crevettes, les moules et les algues montent alors à la surface. Le flamant est prêt à manger !

L'intention de Maude :

_____ .

Les flamants roses vivent dans des pays chauds, près des cours d'eau ou de la mer.

Le texte de Jérémie

Souvent, le flamant rose dort debout. Mais pourquoi dort-il sur une seule patte ? Voici l'explication donnée par des chercheurs. Le flamant rose a le corps couvert de plumes. Ces plumes servent à le tenir au chaud. Mais comme ses longues pattes ne sont pas recouvertes de plumes, elles ne sont pas protégées du froid. Alors, pour dormir, le flamant rose enfouit une patte dans ses plumes : il conserve ainsi sa chaleur. De plus, il peut déguerpir plus facilement en cas de danger.

L'intention de Jérémie :

_____ .

Le flamant rose dort debout.

L'intention

Le texte de Mélanie

Armand le flamant rose se promène seul.
Tout à coup, près d'un cours d'eau, il voit un
flamant blanc ! Jamais de sa vie il n'avait vu
un flamant blanc ! Comme c'est étrange ! Armand
s'approche et salue bien bas le drôle d'oiseau.
Peu à peu, Armand découvre que son nouvel ami,
Saïd, n'a jamais mangé de crevettes. C'est
cela, sans doute, qui explique sa couleur !
Armand lui apprend à pêcher des crevettes.
Depuis que Saïd mange ces petites
bêtes roses, il est pareil à son
nouvel ami : tout rose !

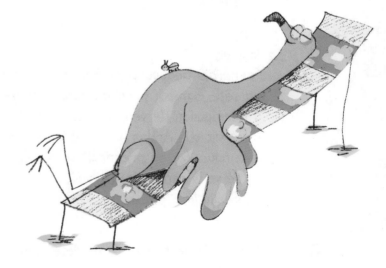

L'intention de Mélanie : _____ .

Le texte de Simon

Par beau temps,
à l'étang,
un flamant rose
fait une pause.

Sur ses pattes d'allumettes,
en jouant de la clarinette,
il a trop dansé,
il est tout épuisé.

Son ami Nathan,
qui est très charmant,
vient le remercier
de l'avoir fait danser.

L'intention de Simon : _____ .

Le destinataire

◎ Le **destinataire** de ton texte, c'est la personne ou les personnes <u>à qui</u> tu t'adresses.

◎ Quand tu écris, tu dois tenir compte de ton destinataire. Par exemple, tu dois t'adresser différemment à un adulte qu'à un ami de ton âge.

» 1 Guillaume a écrit trois petites lettres à l'occasion de son anniversaire. Relie chaque lettre à son destinataire, à l'aide d'un trait.

A.

Bonjour,
Comme tu le sais, c'est mon anniversaire samedi. J'ai invité des amis à la maison. Je souhaite que tu sois là. Cela me ferait plaisir si tu apportais mon dessert préféré, celui que tu fais si bien !
　　Je t'embrasse,
　　Guillaume

Arthur, l'ami de Guillaume

B.

Bonjour,
J'aimerais beaucoup qu'Arthur vienne à ma fête, samedi prochain. Lui donnez-vous la permission de venir ? Mes parents m'ont dit oui. Arthur pourrait aussi coucher chez nous. On en prendrait bien soin.
　　Je vous remercie d'avance !
　　Guillaume

La grand-mère de Guillaume

C.

Salut, toi ! Je t'invite à ma fête, samedi prochain. Tout le monde doit se costumer. As-tu une idée ? Moi, je serai en guépard. Apporte ton pyjama !
　　Guillaume

Les parents d'Arthur

Le destinataire

2 Sandra a perdu ses mitaines à l'école. Elle a rédigé un petit message à l'intention de toute l'école. Lis les deux versions qu'elle a préparées.

Quel message convient le mieux, selon toi ? Coche-le.

> Qui a pris mes mitaines?
> Rapporte-les-moi tout de
> suite!
> Sandra ☐

> J'ai perdu mes mitaines
> dans la cour de l'école hier.
> Si vous les trouvez, pouvez-
> vous me les rapporter, s'il vous
> plaît? Merci!
> Sandra
> 3ᵉ année B ☐

3 Jonas a passé une semaine chez son ami Rachid. Avant de partir, il écrit un petit mot pour remercier les parents de son ami.

À ton avis, quel message devrait-il remettre aux parents de Rachid : celui de gauche ou celui de droite ?

Celui de _____ .

> J'ai passé une très belle
> semaine. J'ai beaucoup
> apprécié nos activités
> et nos sorties.
> C'était très gentil de me
> recevoir. Je vous remercie
> beaucoup.
> Jonas

> On s'est bien amusés.
> J'ai bien aimé quand tu as
> fait de la pizza. Je te dis
> merci pour tout. Vas-tu
> vouloir que je revienne?
> Jonas

Le texte qui raconte une histoire

◎ Dans un **texte qui raconte une histoire**, il y a toujours au moins trois parties.

Le début de l'histoire :	On fait connaissance avec le personnage principal et, parfois, avec le moment et le lieu de l'action.
Le milieu de l'histoire :	Le personnage vit des aventures. Souvent, il affronte un problème. Il essaie de régler le problème.
La fin de l'histoire :	Le problème est réglé.

 1 Lis l'histoire attentivement, puis réponds aux questions.

Le hoquet de Samba l'éléphant

❶   Monsieur Gaspard est un vieux gardien de zoo. Tous les animaux l'aiment beaucoup, car il prend bien soin d'eux. Il n'oublie jamais d'offrir des fleurs à Gisèle, la girafe, ni de donner des poissons rouges à Hector, l'otarie.

❷   Un jour, Samba l'éléphant a un terrible hoquet. Monsieur Gaspard est inquiet, car le hoquet de Samba fait trembler tout le zoo. On dirait un tremblement de terre. Tous les animaux ont peur. Monsieur Gaspard doit trouver une solution rapidement.

❸   D'abord, monsieur Gaspard dit à Samba de retenir son souffle pendant vingt secondes. Quand il a le hoquet, lui, ce truc fonctionne. Rien à faire, Samba a encore le hoquet.

❹   Ensuite, monsieur Gaspard fait boire à Samba un grand seau d'eau salée. Quand Puce le hérisson a le hoquet, ce truc fonctionne. Mais rien à faire, Samba a toujours le hoquet.

Le texte qui raconte une histoire

⑤   C'est alors que Suzor, le singe, arrive en sautillant. Il se place devant Samba et lui fait une horrible grimace. Samba a tellement peur que son hoquet arrête sur-le-champ. Monsieur Gaspard est très fier de Suzor. Pour le remercier, il lui donne six bananes bien mûres.

⑥   Depuis ce jour, chaque fois que le sol du zoo tremble, le singe Suzor vient faire une horrible grimace à Samba l'éléphant.

a) Quel est l'événement qui cause un problème ? Souligne la phrase qui donne ce renseignement.

b) Quelles sont les deux actions que monsieur Gaspard fait pour régler le problème ? Écris Action A et Action B, dans la marge, à côté de ces deux actions.

c) Finalement, qui règle le problème ? Entoure son nom.

d) Que se passe-t-il, maintenant, chaque fois que le sol du zoo tremble ?

_____

_____

》》2 Relis le texte « Le hoquet de Samba l'éléphant ».
Indique à quelle partie de l'histoire chaque paragraphe appartient.

Partie de l'histoire	Paragraphes correspondants
Le début de l'histoire ⟶	Paragraphe numéro _____
Le milieu de l'histoire ⟶	Paragraphes numéros _____
La fin de l'histoire ⟶	Paragraphes numéros _____

Le texte qui raconte une histoire

>> **3** Lis l'histoire suivante, puis exécute les consignes qui la suivent.

Léo et le petit pot

Il était une fois, il y a de cela très longtemps, un petit garçon qui s'appelait Léo. Cette année-là, il n'avait pas plu une seule fois dans son village. Les récoltes étaient très mauvaises. Il n'y avait rien à manger.

Un beau matin, Léo partit à la recherche de nourriture. En route, il rencontra un drôle de lutin. Celui-ci lui donna un pot magique. Quand on disait : « Petit pot, fais de la soupe ! », le petit pot se remplissait d'une délicieuse soupe. Et quand on disait : « Petit pot, stop ! », le petit pot arrêtait de se remplir.

Fou de joie, Léo remercia vivement le lutin et retourna chez lui en courant. Les jours suivants, toute la famille mangea à sa faim.

Un jour, la mère de Léo dit au pot : « Petit pot, fais de la soupe ! » Et le petit pot fit de la soupe. Mais la maman de Léo ne connaissait pas la formule pour arrêter le petit pot. Alors bientôt, la soupe déborda. Elle se répandit sur le sol, envahit la maison voisine, inonda la rue, puis tout le village.

Pendant ce temps, Léo marchait dans la forêt. En voyant une grosse vague de soupe, il comprit qu'une catastrophe était arrivée. Il sauta dans la vague et nagea jusqu'à chez lui. Lorsqu'il trouva enfin le pot, flottant dans la maison, il s'écria : « Petit pot, stop ! » Et tout arrêta.

Les habitants du village avaient fait des réserves de soupe. Ils mangèrent de la soupe longtemps. Léo et ses parents n'eurent plus jamais faim.

a) Indique le début, le milieu et la fin de l'histoire en traçant des lignes entre les parties.

b) Entoure le nom du personnage, la première fois qu'il apparaît.

c) Dans le premier paragraphe, souligne les mots qui indiquent :
1) quand l'action se passe ; 2) à quel endroit.

Ce récit est inspiré d'un conte des frères Grimm, écrit en Allemagne il y a près de 150 ans.

Écrire un texte qui raconte une histoire

Voici comment tu peux procéder pour écrire une histoire.

Le début de l'histoire	Tu présentes ton personnage. Tu indiques où se passe l'histoire et quand.	C'est ton **premier paragraphe**.
Le milieu de l'histoire	Tu décris un problème qui arrive au personnage principal ou un événement qui change sa situation.	C'est ton **deuxième paragraphe**.
	Tu racontes quelques actions que fait le personnage pour régler le problème ou pour changer sa situation.	Ce sont tes **troisième** et **quatrième paragraphes**. Tu peux même avoir un cinquième paragraphe. En général, on fait un paragraphe par action ou par événement important.
La fin de l'histoire	Tu racontes comment le personnage réussit à régler le problème.	C'est ton **dernier paragraphe**.

>> 1 **a)** Voici le début d'une histoire. Écris les deux autres parties de l'histoire, c'est-à-dire le milieu et la fin. Rédige d'abord un brouillon sur une feuille.

(Titre) _____

Samuel est en vacances sur le bord d'un lac. Il adore jouer dans le sable, tracer des chemins et creuser des tunnels. Aujourd'hui, il creuse un grand trou avec énergie. Peu à peu, son trou devient si profond qu'il peut s'y glisser complètement.

Tout à coup, il sent qu'on le tire par les pieds.

> N'oublie pas de faire des paragraphes : change de ligne et laisse un espace.

(L'activité se poursuit à la page suivante.)

Écrire un texte qui raconte une histoire

b) Après avoir corrigé ton texte, transcris-le ici. Donne un titre à l'histoire, à la page précédente.

_____

_____

_____

_____

_____

_____

_____

_____

_____

_____

≫2 Tu dois écrire une courte histoire qui racontera l'événement suivant : Julie est tombée à bicyclette.

a) Fais d'abord le plan de ton texte en remplissant le schéma ci-dessous. Dans un plan, ne fais pas de phrases. Écris quelques mots seulement.

Le début de l'histoire

Qui est Julie ? _____

_____

Que fait-elle ? _____

_____

Ce sera le premier paragraphe.

Le milieu de l'histoire

Qu'est-ce qui arrive à Julie ? _____

_____

_____

_____

Ce sera le deuxième paragraphe.

Écrire un texte qui raconte une histoire

Le milieu
de l'histoire
(*suite*)

Après cet événement, qu'est-ce que Julie a fait ?
(Note deux ou trois actions.)

_____

_____

_____

_____

Est-ce que d'autres personnages sont intervenus ?
Si oui, qu'est-ce qu'ils ont fait ?

_____

_____

_____

_____

Ces actions formeront deux ou trois autres paragraphes.

La fin de
l'histoire

Comment cela s'est-il terminé ? _____

_____

_____

_____

_____

Ce sera le dernier paragraphe.

b) Rédige ton texte sur une feuille, à l'aide de ton plan.

c) Relis ton brouillon en vérifiant les aspects suivants.
Apporte des corrections, s'il y a lieu.

	Oui	Non
Est-ce que l'histoire a un début, un milieu et une fin ?	☐	☐
Est-ce qu'elle se comprend bien ?	☐	☐
Est-ce que j'ai fait des paragraphes aux bons endroits ?	☐	☐
Est-ce que j'ai mis un titre ?	☐	☐
Est-ce que mes phrases commencent par une majuscule et se terminent par un point ?	☐	☐

d) Transcris ton texte au propre sur une feuille. Relis-le :
vérifie si tu n'as pas fait de fautes en le transcrivant.

Le texte courant

© Le texte courant, par exemple un texte qui décrit quelque chose ou quelqu'un, est construit de la façon suivante.

L'**introduction** annonce le sujet du texte.

C'est le **premier paragraphe**.

Le **développement** présente les différents aspects du sujet.

Il y a autant de **paragraphes** qu'il y a d'aspects traités.

La **conclusion** met fin au texte, à l'aide d'un commentaire, par exemple.

C'est le **dernier paragraphe**.

»1 Lis le texte suivant. Indique la fin de l'introduction par un trait et la fin du développement par un autre trait.

Une vieille tradition

Savez-vous que la fabrication du sirop d'érable est une des plus vieilles traditions du Québec ?

Les Iroquoiens ont découvert que l'on pouvait fabriquer du sirop à partir de la sève d'érable. Ils faisaient partie des premiers habitants du pays, il y a des milliers d'années. Chaque printemps, chaussés de leurs raquettes, les hommes allaient dans le bois entailler* les érables. La sève (ou eau d'érable) s'écoulait alors goutte à goutte dans un récipient fait d'écorce de bouleau. Les femmes et les enfants allaient ensuite récolter la sève. Les femmes se servaient de cette eau pour cuisiner.

Lorsque les Français vinrent s'établir au Canada, il y a environ 400 ans, les Iroquoiens leur ont montré cette technique. Les nouveaux habitants ont vite adopté cette coutume. Avec leur cheval attaché à un traîneau, les cultivateurs allaient d'un arbre à l'autre. Ils ramassaient les seaux d'eau d'érable et les apportaient dans une cabane. Là, ils mettaient la sève dans un gros chaudron et la faisaient bouillir.

Aujourd'hui, au Québec, des centaines de cabanes à sucre accueillent des milliers de visiteurs chaque printemps. Le décor a changé, mais l'événement donne toujours lieu à des réjouissances. Québécois et touristes viennent déguster l'eau d'érable sous toutes ses formes : sirop, sucre, tire, etc.

Plusieurs traditions s'éteignent avec le temps. Mais celle du « temps des sucres » est toujours très vivace.

* **entailler :** percer un trou

Le texte courant

> 2 Émilio était intrigué par les éléphants. Il a fait une recherche, puis a écrit un texte. Il hésite entre trois introductions. Entoure l'introduction que tu choisirais.

> Lis le texte en entier, puis relis les trois introductions afin de choisir la bonne.

L'éléphant

Introduction A

Je n'aimerais pas être trop près d'un éléphant. J'aurais peur d'être écrasé.

Introduction B

Il y a plusieurs animaux qui sont très gros. J'en connais quelques-uns.

Introduction C

Je me posais plusieurs questions sur les éléphants. Par exemple, est-ce qu'il y en a encore beaucoup ? Où vivent-ils ? Voici ce que j'ai trouvé.

L'éléphant est un des animaux les plus menacés de disparition. En effet, en peu d'années, des centaines de milliers d'éléphants ont été abattus par des chasseurs. L'ivoire de leurs défenses est très recherché, car il vaut très cher.

Il y a des éléphants en Afrique et en Asie. La plupart vivent aujourd'hui dans des grandes zones où la chasse est interdite.

Les éléphants d'Afrique et les éléphants d'Asie appartiennent à deux espèces différentes. L'éléphant d'Afrique est plus gros que l'éléphant d'Asie. Il a les oreilles beaucoup plus grandes. Ses défenses aussi sont plus longues. En fait, l'éléphant d'Afrique est le plus gros animal terrestre. Un éléphant mâle pèse environ cinq tonnes et mesure un peu plus de trois mètres de hauteur. Trois mètres, c'est beaucoup plus haut que le plafond de ma chambre !

Plusieurs pays protègent aujourd'hui leurs éléphants. J'espère de tout cœur qu'ils survivront en grand nombre !

Un éléphant d'Afrique.

Nom : _____   Date : _____

Le texte courant

3 Sophie a écrit un texte sur la manière de vivre des éléphants.

Quelle conclusion convient le mieux à son texte ? Entoure la conclusion qui convient le mieux.

La vie de famille d'un éléphant

Les éléphants vivent en famille près d'un cours d'eau. Ils aiment se rafraîchir en groupe, en barbotant dans l'eau. Avec leur trompe, ils aspirent l'eau, puis ils s'arrosent généreusement.

Pour communiquer entre eux, les membres d'une famille se frottent l'un contre l'autre et croisent leurs trompes. Même quand des kilomètres les séparent, ils peuvent échanger des informations sur le chemin à suivre. Ils émettent alors des sons spéciaux.

Les éléphanteaux aiment s'amuser.

Ces gros animaux sont très unis. Quand un des leurs est blessé, tous les autres éléphants se rassemblent autour de lui. Ils le protègent ainsi contre l'attaque d'autres animaux. Quand la mère d'un éléphanteau meurt, ses tantes ou ses sœurs s'occupent de lui, le nourrissent et le protègent.

Les jeunes éléphanteaux passent beaucoup de temps à s'amuser. Ils jouent à se battre et à se poursuivre. Les adultes aussi jouent avec eux ; ils les préparent ainsi à la vie adulte.

Conclusion A

J'espère que vous avez trouvé mon texte intéressant. Moi, j'ai appris beaucoup de choses.

Conclusion B

La grosseur des éléphants est impressionnante. Mais leur façon de communiquer et de s'entraider se révèle encore plus fascinante.

Conclusion C

J'aime beaucoup les éléphants. Leur trompe est amusante.

Le texte courant

4 Les paragraphes du texte ci-dessous ont été mêlés.

a) Lis-les, puis découpe-les.

b) Rebâtis le texte en mettant les paragraphes
dans le bon ordre. Colle-les à la page 23.

❶ Finalement, la trompe est un outil très puissant. Avec sa trompe, l'éléphant peut déraciner des gros arbres et même en transporter.

❷ De plus, la trompe permet aux éléphants de communiquer. En effet, les éléphants se caressent, échangent de la nourriture et expriment des messages à l'aide de leur trompe. Par exemple, si un éléphanteau fait trop de bruit, sa maman lui donne un léger coup de trompe pour le rappeler à l'ordre. Si un éléphant est fâché ou s'il sent un danger, sa trompe émet un cri qui ressemble au son d'une trompette.

❸ D'abord, l'éléphant utilise sa trompe pour boire et se rafraîchir. Grâce à sa trompe, il peut aspirer une très grande quantité d'eau. Il la projette par la suite dans sa bouche. Pour se rafraîchir, il la dirige au-dessus de lui, comme une douche !

❹ Ensuite, grâce à sa trompe, l'éléphant peut aller chercher de la nourriture par terre, dans des trous profonds ou très haut dans les arbres. C'est sa trompe qui porte les aliments à sa bouche.

❺ Tu connais, bien sûr, la trompe des éléphants. Cet énorme nez leur sert à respirer. Mais est-ce qu'il sert à autre chose ? Voici quelques réponses.

❻ Bref, la trompe d'un éléphant, c'est sa vie ! D'ailleurs, si sa trompe est blessée, il a peu de chances de survivre…

La trompe des éléphants

Le texte courant

 5 Maxime a écrit un texte sur le lion. Trois phrases ne sont pas au bon endroit.

a) Trouve ces trois phrases et souligne-les. Attention ! Elles sont dans trois paragraphes différents.

b) Au bout de chaque phrase qui n'est pas à sa place, indique le numéro du paragraphe où elle devrait aller.

Le mal nommé

❶   Le lion est un splendide animal d'Afrique. Il a été surnommé «le roi de la jungle*». Pour mieux connaître cet animal, voyons ses caractéristiques physiques, son alimentation et son habitat. Sa queue est très longue et le bout est noir.

On reconnaît le lion mâle à sa crinière.

Ses caractéristiques physiques

❷   Le lion a un pelage court, de couleur jaune doré. Ses pattes, grosses et puissantes, se terminent par de longues griffes. Le mâle a une épaisse crinière, mais pas la femelle. Il mange des zèbres, des antilopes, des gazelles et d'autres bêtes.

Son alimentation et ses tactiques de chasse

❸   Le lion est carnivore, c'est-à-dire qu'il mange de la viande crue. Il chasse surtout la nuit. Ce sont les femelles qui chassent. Elles font un cercle autour d'un troupeau d'animaux, par exemple autour d'un troupeau d'antilopes. Puis une lionne se dresse, rugit et fait fuir les antilopes. En se sauvant, les antilopes se jettent dans la gueule des autres lionnes.

Son habitat

❹   Cet animal ne vit pas du tout dans la jungle, malgré son surnom ! Il vit dans les plaines ou la savane, là où il y a de grandes étendues d'herbes. Le jour, lorsqu'il fait très chaud, il se réfugie à l'ombre, près des rochers ou des buissons. Il a une très bonne vue et une ouïe très fine.

❺   Le lion est une espèce menacée. Aujourd'hui, on trouve des lions surtout dans les grands parcs du Kenya, de la Tanzanie et de l'Afrique du Sud.

* **jungle :** forêt très épaisse, très dense

Écrire un texte courant

◎ Quand tu as un texte à écrire, fais d'abord un **plan**.

◎ Un plan, c'est la liste ordonnée des renseignements qu'on veut donner dans un texte.

Martin a un texte à écrire. Son sujet est « le chien de mes voisins ».
Voici son plan.

Introduction (J'annonce le sujet du texte.)	1er paragraphe :	• mes voisins ont un nouveau chien
Développement (Je présente des aspects du sujet.)	2e paragraphe :	• les caractéristiques du chien
	3e paragraphe :	• ce que les voisins font avec lui
	4e paragraphe :	• des choses que le chien n'aime pas
Conclusion (Je mets fin au texte en faisant un commentaire.)	5e paragraphe :	• j'aimerais qu'il soit à moi

>> 1 Écris l'introduction du texte « Le chien de mes voisins », en faisant de deux à quatre phrases.

Lis bien le plan de Martin, dans l'encadré ci-dessus, avant de commencer.

_____

_____

_____

_____

_____

_____

_____

_____

Écrire un texte courant

 2 Valérie doit écrire un texte sur sa fête préférée.
Voici le plan qu'elle a fait.

Introduction	1er paragraphe :	• ma fête préférée : l'Halloween
Développement	2e paragraphe :	• ce que j'aime le plus : faire mon propre déguisement
	3e paragraphe :	• ce que j'aime aussi beaucoup : passer de maison en maison avec mes amis
Conclusion	4e paragraphe :	• je m'amuse chaque fois
		• j'ai toujours hâte à la prochaine Halloween

Rédige un des paragraphes du développement. Ton paragraphe doit comprendre de deux à quatre phrases.

Le paragraphe que j'ai choisi : _____ .

_____

_____

_____

_____

_____

Écrire un texte courant

>> **3** Omar rêve souvent au même personnage. Il a écrit un texte sur ce personnage, mais il n'a pas fait de conclusion.

Rédige la conclusion en faisant une ou deux phrases.

Le wipiki

J'ai très peur du wipiki. J'en rêve toutes les nuits. Mon père me dit qu'un wipiki, ça n'existe pas. Je veux bien le croire. Mais dans mes rêves, le wipiki existe !

Il a une tête en forme de banane. Ses oreilles sont comme des cornes. Son corps est tout rond, poilu, avec des petites pattes griffues. Sa queue grouille de petits vers luisants.

Cet être affreux ne parle pas : il hurle ! Il ne marche pas : il court ! Tout à coup, il bondit à côté de vous en rugissant.

_____

_____

_____

_____

_____

_____

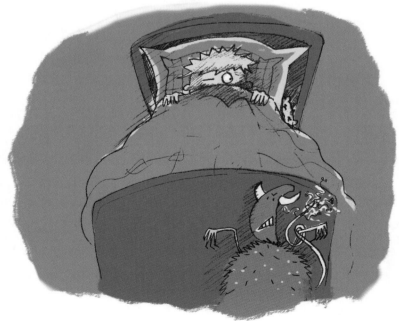

Les marqueurs de relation

Dans les phrases

◎ Certains mots invariables servent à créer une relation entre des groupes de mots. On les appelle **marqueurs de relation**. En voici quelques-uns.

et, mais, ou, parce que, puis, que

◎ Voici ce qu'ils peuvent exprimer.

Un ajout :   Mes arbres préférés sont le saule pleureur, le peuplier et le bouleau.

Un choix :   Veux-tu arroser les arbustes ou tailler la haie ?

Une cause :   On a abattu cet arbre parce qu'il était malade.

Une opposition :   Ces fleurs sont magnifiques, mais elles sont fragiles.

Une suite d'actions :   Ils ont fait du jardinage, puis ils ont rangé tous les outils.

Le mot *que* établit une relation, mais il n'a pas de signification.

Dans le texte

◎ D'autres mots permettent d'établir des liens tout au long du texte.

Par exemple, certains mots peuvent indiquer l'**ordre des actions.**

D'abord, il faut sarcler la terre du jardin, c'est-à-dire arracher les mauvaises herbes, et la tourner avec une bêche. Ensuite, il faut semer les graines à une certaine profondeur. Finalement, il faut arroser le jardin régulièrement.

Certains mots peuvent **situer les événements dans le temps.**

Hier, tous les enfants ont participé à la corvée. Aujourd'hui, c'est le tour des adultes de faire certains travaux. Bientôt, nos grands-parents viendront mettre la main à la pâte. Demain, ce sera jour de repos pour tous !

Les marqueurs de relation

1 Complète les phrases par et ou par ou .

1. Nous faisons pousser des tomates, des haricots _____ des fines herbes.

2. Ahmed _____ Patrick sont venus m'aider à arroser.

3. Préférez-vous manger des haricots _____ du maïs ?

4. Les concombres, les courgettes _____ les citrouilles font partie de la même famille, celle des cucurbitacées. Exercez-vous à prononcer ce drôle de mot !

5. Quels petits fruits choisissez-vous : les framboises _____ les bleuets ?

2 Mets le marqueur de relation qui convient.

Lis d'abord le texte en entier. N'utilise pas deux fois le même mot.

- et
- mais
- parce que
- ou
- que

Cirque à la maison !

Sarah aimerait bien aller au cirque, _____ ses parents

ne veulent pas. Ils ont refusé _____ les billets sont

trop chers. Elle aurait aimé voir les acrobates _____

les clowns.

Sarah va-t-elle pleurer _____ bouder ? Ni l'un ni

l'autre ! Elle va emprunter un film sur des cirques célèbres. Elle voudrait

_____ son amie vienne voir le film avec elle. Cette fois,

ses parents ont dit oui.

3 a) Écris le mot qui convient.

- d'abord
- pourquoi
- finalement
- ensuite
- demain
- hier

Surprise à la porte

L'autre jour, il m'est arrivé une drôle de chose. _____ ,

quelqu'un a sonné à la porte. Ma tante m'a demandé d'aller ouvrir.

C'était un petit fantôme. J'étais étonné. _____ ,

le fantôme a parlé ! Il a demandé des bonbons ou des sous ! Je ne savais

plus quoi faire. _____ , ma tante m'a expliqué que

c'était une vieille coutume. Cela s'appelle « l'Halloween »…

b) Lis le texte complété à voix haute à un ou une autre élève.

4 À l'aide de trois phrases, décris ce que tu fais quand tu te lèves
le matin.

D'abord, _____

_____

_____

Ensuite, _____

_____

_____

Finalement, _____

_____

_____

Le vocabulaire

Un vocabulaire juste et précis

◎ Au lieu d'utiliser des termes vagues comme « l'affaire », « la chose », « le truc », emploie des **termes précis**. Tu te feras mieux comprendre.

◎ Tu cherches le nom d'un objet, d'un animal ou d'une plante ? Certains dictionnaires regroupent les illustrations par thème. Tu peux aussi consulter un dictionnaire visuel, une encyclopédie ou Internet.

1 Écris sous chaque illustration le verbe qui correspond à l'action.

_____ un fruit

_____ un fruit

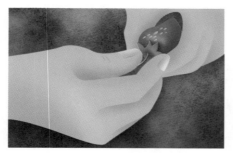
_____ un fruit

_____ un fruit

_____ un fruit

_____ un fruit

>> **2** Lis les mots suivants. Chacun désigne une pièce de bicyclette.

- un cale-pied
- une fourche
- un frein
- un garde-boue

- un guidon
- une jante
- un moyeu
- un porte-bagages

- un rayon
- une selle

a) Voici maintenant les définitions de ces mots. À la suite de chaque définition, écris le mot qui y correspond.

On roule !

1. Je suis le petit siège sur lequel s'assoit le cycliste :

    _____ .

2. J'ai des poignées et je commande la direction de la bicyclette :

    _____ .

3. Je suis la partie de la bicyclette qui reçoit la roue avant et le guidon :

    _____ .

4. Je suis le cercle de métal qui forme le tour de la roue :

    _____ .

5. Je suis le mécanisme qui permet de ralentir ou d'arrêter le mouvement

    de la bicyclette : _____ .

6. Je forme la partie centrale de la roue :

    _____ .

7. Grâce à moi, le cycliste peut fixer ses pieds aux pédales :

    _____ .

8. Je recouvre le dessus de la roue de la bicyclette :

    _____ .

9. On peut m'utiliser pour mettre des bagages :

    _____ .

10. Je suis une fine pièce métallique qui relie le moyeu de la roue

    à la jante : _____ .

b) Désigne chaque pièce de la bicyclette par son nom.

>> **3** Peux-tu nommer tout ce qu'on peut voir dans une rue d'une grande ville ?
Écris aux bons endroits les termes appropriés.

Dans la rue

- lampadaire
- feux de circulation
- borne-fontaine
- arrêt d'autobus
- immeuble
  de bureaux

- magasin
- boutique
- restaurant
- trottoir
- chaussée
- bouche d'égout

- passage pour piétons
- rue
- boulevard
- terre-plein
- piéton
- cycliste

Un vocabulaire juste et précis

Des mots synonymes

◎ Un **mot synonyme** est un mot qui a un sens semblable à celui d'un autre mot.

> Ce gros éléphant fait trembler le sol.
>
> Cet énorme éléphant fait trembler le sol.

Dans ces phrases, « gros » et « énorme » sont des adjectifs synonymes : ils veulent dire à peu près la même chose.

◎ Évite de répéter les mêmes mots en employant des synonymes. Utilise un dictionnaire pour les trouver.

»1 Dans chaque liste, entoure le mot qui a un sens semblable à ce qui est déjà entouré.

A
(la montagne)
la montée
le sommet
Ex. : (le mont)

B
la neige
(la pluie)
la tempête
l'averse

C
(laid)
horrible
possible
visible

D
joli
poli
fantastique
(beau)

E
(j'ai peur)
j'ai hâte
je suis content
je suis effrayé

F
elle savoure
elle laboure
elle court
(elle déguste)

G
on garde
(on regarde)
on observe
on obéit

H
(calmement)
gentiment
tranquillement
poliment

Des mots synonymes

>>2 Les mots ci-dessous sont des synonymes de l'adjectif « gentil ».

Dans chaque phrase :

a) insère l'adjectif qui convient ;

b) souligne le mot qui te donne un indice.

- secourable
- prévenant
- attentionné
- accueillant
- serviable
- aimable
- ~~courtois~~

Édouard est gentil !

Ex.: Il fait preuve de <u>courtoisie</u> envers tout le monde : il est ____*courtois*____ .

1. Édouard fait tout pour qu'on l'aime : il est _____ .

2. Il fait attention au bien-être de chacun : il est _____ .

3. Il accueille fort bien tout le monde : il est _____ .

4. Quand un élève se fait mal, il va à son secours : il est _____ .

5. Il prévoit les besoins de ses amis : il est _____ .

6. Il rend service à ses parents sans rouspéter : il est _____ .

>>3 Voici des synonymes de l'adjectif « laid ».

- abominable
- hideux
- monstrueux

a) Choisis un de ces adjectifs et souligne-le. Cherche ce mot dans le dictionnaire et transcris sa définition. (S'il y en a plusieurs, transcris la première.)

La définition du mot : _____

_____

_____

b) Rédige une phrase avec l'adjectif que tu as choisi.

_____

_____

Des mots synonymes

4 **a)** Remplace chaque groupe de mots souligné dans le texte A par un mot qui veut dire la même chose. Choisis tes réponses dans la liste et écris-les dans le texte B.

- secourable
- gigantesque
- rapidement
- énorme
- méchamment
- horrible
- minuscule

La sorcière Tatibulle

Texte A

La sorcière Tatibulle est très laide. Des bulles, qui sont très grosses, sortent de sa bouche, de son nez et de ses oreilles. Ses pieds sont très grands : quand elle s'approche, on voit ses pieds bien avant sa tête ! Ses yeux sont très petits ; ils nous regardent d'un air très méchant. Heureusement, quand on pousse un cri, la sorcière disparaît très vite.

Texte B

La sorcière Tatibulle est _____ . Des bulles, _____ , sortent de sa bouche, de son nez et de ses oreilles. Ses pieds sont _____ : quand elle s'approche, on voit ses pieds bien avant sa tête ! Ses yeux sont _____ ; ils nous regardent _____ . Heureusement, quand on pousse un cri, la sorcière disparaît _____ .

b) Relis les deux textes.

Lequel a le vocabulaire le plus précis ?   Texte A ☐   Texte B ☐
Lequel est le plus agréable à lire ?   Texte A ☐   Texte B ☐

c) Dessine la sorcière à côté du texte A.

Des mots de même famille

◎ Beaucoup de mots sont formés à partir d'un autre mot.

Par exemple, avec le mot « lent », on a créé : lenteur, lentement, ralentir et ralentissement.

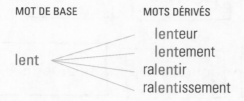

MOT DE BASE   MOTS DÉRIVÉS

lent ⟨ lenteur
       lentement
       ralentir   FAMILLE DE MOTS
       ralentissement

◎ On appelle **mot de base** le mot qui est à l'origine d'autres mots.

◎ On appelle **mots dérivés** les mots formés à partir du mot de base.

◎ Le mot de base et ses mots dérivés forment une **famille de mots**. Ils ont un sens en commun.

◎ Pour écrire correctement un mot, pense à des **mots de la même famille** que ce mot.

> Parfois, le mot de base a été légèrement modifié pour former d'autres mots. Par exemple, « doux » est le mot de base de « douceur » et de « adoucir ».

》》1 Entoure le mot de base dans chaque colonne.

A
lourdement
Ex.: (lourd)
lourdeur
alourdir

B
chant
chanteur
chanter
chantonner

C
border
bordure
bord
déborder

D
paix
paisible
paisiblement
apaiser

E
gaieté
gaiement
gai
égayer

F
chaud
chaleur
chaleureusement
réchauffer

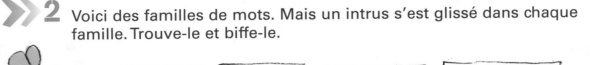

2 Voici des familles de mots. Mais un intrus s'est glissé dans chaque famille. Trouve-le et biffe-le.

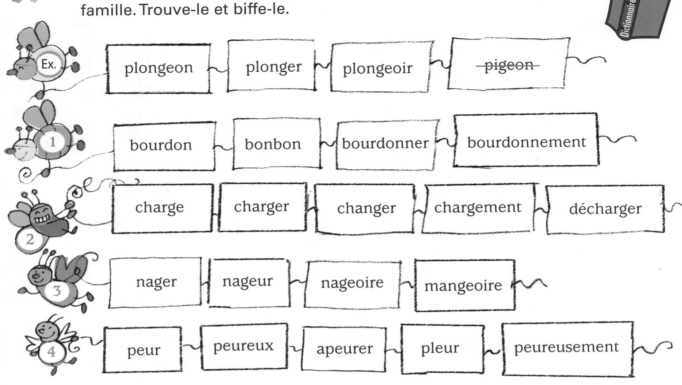

Ex. | plongeon | plonger | plongeoir | ~~pigeon~~

1 | bourdon | bonbon | bourdonner | bourdonnement

2 | charge | charger | changer | chargement | décharger

3 | nager | nageur | nageoire | mangeoire

4 | peur | peureux | apeurer | pleur | peureusement

3 Colorie de la même couleur les ballons qui font partie de la même famille.

Relis mon message de la page précédente !

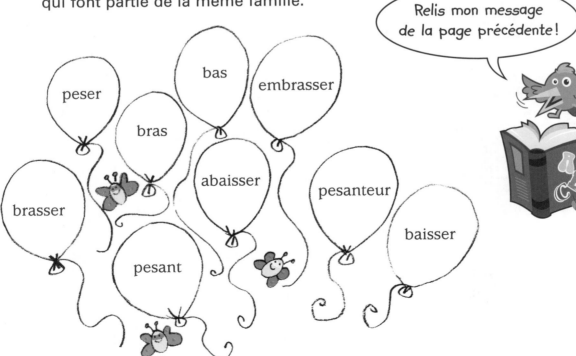

peser

bas

embrasser

bras

brasser

abaisser

pesanteur

pesant

baisser

Les préfixes

◎ Un **préfixe** s'ajoute au début d'un mot pour créer un mot de même famille.

◎ Voici quelques exemples.

PRÉFIXE

en + cadrer = encadrer   Le préfixe **en** veut dire « dans ».
                                   Devant *b*, *m* et *p*, on écrit *em* : **em**barquer.

re + dire = redire   Le préfixe **re** exprime la répétition.
                                   Parfois, on utilise *ré* ou *r* : **ré**élire, **r**ajouter.

télé + vision = télévision   Le préfixe **télé** veut dire « à distance ».

◎ Quand tu écris, sers-toi des préfixes pour former des mots.

≫1 Écris le préfixe qui convient dans chaque wagon : « en », « re » ou « télé ».

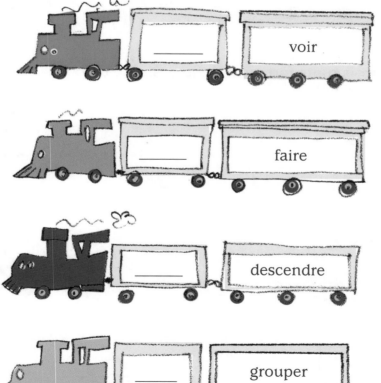

voir

faire

descendre

grouper

Attention ! Vérifie dans un dictionnaire si le mot existe.

2 Écris le préfixe qui convient dans chaque wagon : « en » ou « télé ».

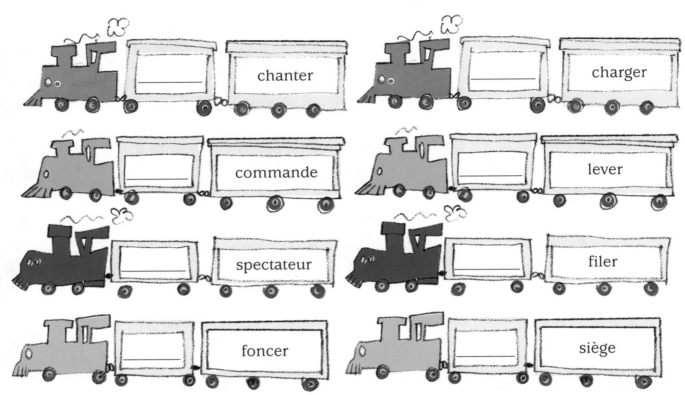

_____ chanter   _____ charger

_____ commande   _____ lever

_____ spectateur   _____ filer

_____ foncer   _____ siège

3 Peux-tu trouver trois mots formés avec le préfixe « télé » ?
Consulte ton dictionnaire.

 télé _____

télé _____

 télé _____

Tu dois trouver
d'autres mots que
ceux de l'activité
précédente.

Les préfixes et les mots contraires

◎ Certains préfixes permettent de former le **contraire** d'un mot.

PRÉFIXES	EXEMPLES		
dé (dés)	monter	→ démonter	
	habiller	→ déshabiller	Devant une voyelle ou un *h*, on écrit **dés**.
in (im, il, ir)	utile	→ inutile	
	mobile	→ immobile	Devant *m, b* et *p* : **im**.
	lisible	→ illisible	Devant *l* : **il**.
	réel	→ irréel	Devant *r* : **ir**.
mal	honnête	→ malhonnête	

◎ Utilise parfois des contraires pour alléger tes phrases. Par exemple, « illogique » est mieux que « qui n'est pas logique ».

1 Exprime le contraire de ce qui est souligné, à l'aide d'un préfixe.

1. La sorcière Tatibulle a remis un travail <u>qui n'est pas parfait</u>.

   La sorcière Tatibulle a remis un travail _____ .

2. Je n'aime pas ce géant <u>qui n'est pas poli</u>.

   Je n'aime pas ce géant _____ .

2 **a)** Trouve le contraire des verbes ci-dessous en utilisant chaque fois le même préfixe.

   b) Rédige ensuite une phrase avec chaque verbe que tu as écrit.

1. plaire _____   _____

   _____

2. gonfler _____   _____

   _____

3. infecter _____   _____

   _____

4. habiller _____   _____

   _____

   c) Quel préfixe as-tu utilisé? Le préfixe _____ .

3 Fais dire le contraire aux animaux, à l'aide du préfixe « in ».

Le préfixe « in » change parfois de forme. Consulte la page 43.

Ex. : Le lièvre dit à la tortue : « Ton geste est réfléchi. »
Ton geste est irréfléchi.

1. Le hibou dit à la tortue : « Tu es prudente. » _____

2. La tortue dit au hibou : « Tu es juste. » _____

3. Le hibou dit au lièvre : « Tu es actif. » _____

4. Le lièvre dit au hibou : « Tu es logique. » _____

4 Dans le texte B, écris le contraire des adjectifs soulignés dans le texte A.
Utilise les préfixes donnés à la page 43.

A. ## Bubulle est heureux

Le géant Bubulle est <u>heureux</u>. Sa maison est toujours <u>propre</u>. Il est très <u>adroit</u>. Il est <u>capable</u> de faire le ménage.

« Comme vous êtes <u>habile</u> », lui dit la fée Libellule.

« Et vous, comme vous êtes <u>polie</u>, répond-il. Que c'est <u>agréable</u> de vivre ici ! »

B. ## Bubulle est malheureux

Le géant Bubulle est _____ . Sa maison est

toujours _____ . Il est très _____ .

Il est _____ de faire le ménage.

« Comme vous êtes _____ », lui dit la fée Libellule.

« Et vous, comme vous êtes _____ , répond-il.

Que c'est _____ de vivre ici ! »

Des expressions

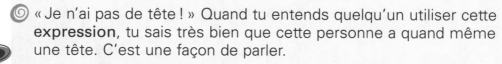

◎ « Je n'ai pas de tête ! » Quand tu entends quelqu'un utiliser cette **expression**, tu sais très bien que cette personne a quand même une tête. C'est une façon de parler.

◎ Comment trouver le sens d'une expression ? Cherche dans un dictionnaire le mot principal de l'expression.

Par exemple, pour trouver le sens de « n'avoir pas de tête », cherche « tête ». Tu apprendras que cette expression veut dire « être étourdi ».

◎ Quand tu écris, utilise des expressions pour rendre ton texte vivant.

 1 Relie chaque phrase de la colonne de gauche à l'expression correspondante.

Tu veux dire...

Ex. : Ça m'épouvante, cela me fait très peur.

1. Ça dépend de très peu de chose.

2. Tu compliques tout !

3. Ils se sont battus.

4. Elle est arrivée au mauvais moment.

Tu utilises l'expression...

> Tu coupes les cheveux en quatre !

> Cela me fait dresser les cheveux sur la tête.

> Ils se sont pris aux cheveux.

> Ça ne tient qu'à un cheveu.

> Elle est arrivée comme un cheveu sur la soupe.

>>**2** Les animaux nous fournissent un grand nombre
d'expressions pour décrire des personnes.
En voici quelques-unes.

- tête de mule
- yeux de lynx
- langue de vipère
- mémoire d'éléphant
- tête de linotte
- crinière de lion (ou de cheval)

Quelle expression utiliserais-tu pour dire de Tatibulle :

Ex.: qu'elle a une vue perçante ? Elle a des _____*yeux de lynx*_____ .

1. qu'elle dit des choses méchantes ?

   Elle a une _____ .

2. qu'elle a beaucoup de mémoire ?

   Elle a une _____ .

3. qu'elle est très entêtée ? C'est une _____ .

4. qu'elle est très étourdie ? C'est une _____ .

5. qu'elle a une belle chevelure fournie ?

   Elle a une _____ .

Des expressions comme celles-ci ne correspondent pas toujours à la réalité.
Par exemple, une linotte n'a pas du tout une « tête de linotte » ! Cet oiseau est même
connu pour avoir une certaine forme de mémoire.

>>**3** Rédige une phrase avec une des expressions de l'activité précédente.
Illustre ta phrase.

_____

_____

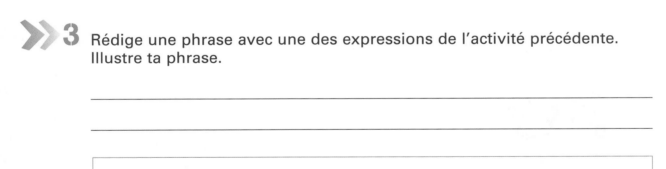

La phrase

Qu'est-ce qu'une phrase ?

◎ Une **phrase**, c'est un ensemble de mots ordonnés, qui a du sens.

ma livres mes rangé j'ai chambre dans préférés

{ Ce sont des mots, mais l'ensemble ne veut rien dire. Cela ne forme pas une phrase.

J'ai rangé mes livres préférés dans ma chambre.

{ Ce sont les mêmes mots que dans l'exemple précédent, mais ils sont placés dans un certain ordre. L'ensemble a un sens. C'est une phrase.

◎ Une phrase commence par une lettre **majuscule** et se termine par un **point**.

»1 Forme une phrase avec les mots de chaque fleur. Écris la phrase à droite. Relis ta phrase pour t'assurer qu'elle a du sens.

La majuscule et le point te donnent des indices.

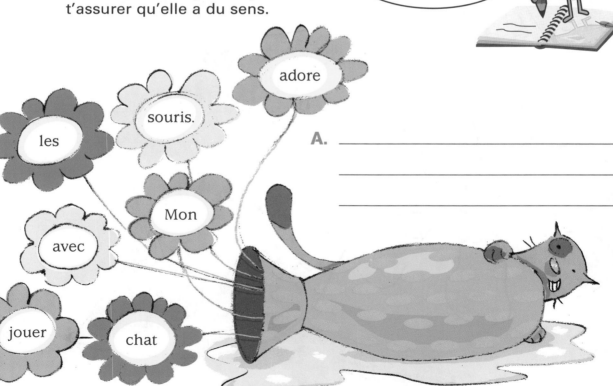

adore

souris.

les

Mon

A. _____

_____

_____

avec

jouer   chat

(L'activité se poursuit à la page suivante.)

B. _____
_____
_____
_____

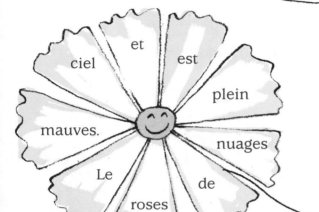

C. _____
_____
_____
_____

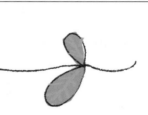

D. _____
_____
_____
_____

La phrase et la ponctuation

2 Choisis un mot par colonne afin de former une phrase.
Écris ensuite la phrase que tu as obtenue.

Ex. :

La	vais	regardait	d'un	pied	gourmand	le	ici	fromage.
Un	souris	pomme	rouge	œil	pensée	des	beau	chanter

La souris regardait d'un œil gourmand le beau fromage.

Parfois, tu devras retourner en arrière !

A.

La	chevaux	attendait	nous	la	souris.
Un	chat	pour	discrètement	chercher	vite

_____

_____

B.

L'	petit	pleurait	la	chez	avec	une	très	curiosité.
Des	éléphant	observait	les	scène	saut	des	grande	cahier

_____

_____

C.

Le	gardien	du	durant	fois	le	fort	riche
Une	belle	dormait	zoo	mais	nuit	temps	assez
Les	chat	lionne	trois	trouvait	la	vieux	long.

_____

_____

⟩⟩3 a) Afin de bien délimiter les phrases, mets les majuscules et les points aux endroits appropriés.

> Quand tu hésites, fais des essais dans ta tête : formule une *seule* phrase à la fois, l'une après l'autre.

Les Algonquiens vers 1500

les Algonquiens sont des nomades ils vivent dans des campements ils se déplacent souvent pour trouver leur nourriture ils pratiquent la chasse et la pêche

ces Amérindiens vivent sur un immense territoire en Amérique du Nord c'est un territoire formé de plateaux et de montagnes il regorge de cours d'eau et de lacs

b) Utilise les renseignements de la fiche suivante pour rédiger trois phrases sur le chef des Algonquiens. Surligne la majuscule au début de tes phrases et le point final.

Le chef algonquien

- Choisi par les membres du groupe
- Qualités exigées :
  - être capable de convaincre les autres
  - être courageux
  - avoir des talents de chasseur et de pêcheur

_____

_____

_____

_____

_____

_____

Le groupe sujet et le groupe du verbe

◎ En général, une phrase comprend un **groupe sujet** et un **groupe du verbe**.

Phrase 1   Guillaume raffole des livres.

Phrase 2   Les histoires sont passionnantes.

◎ Le **groupe sujet**, c'est de qui ou de quoi parle la phrase.

Dans la phrase 1, on parle de Guillaume.

Dans la phrase 2, on parle des histoires.

◎ Le **groupe du verbe**, c'est ce qu'on dit à propos du sujet.

Dans la phrase 1, on dit de Guillaume qu'il raffole des livres.

Dans la phrase 2, on dit des histoires qu'elles sont passionnantes.

◎ En général, le groupe sujet est placé avant le groupe du verbe.

≫1 Forme des phrases en donnant à chaque **groupe sujet** un **groupe du verbe** qui lui convient. Fais attention au sens de la phrase !

Groupe sujet	Groupe du verbe
Ex. : Stéphane Poulin	adorent ses illustrations.
Il	est un célèbre illustrateur pour enfants.
Son premier livre	est né à Montréal.
Les enfants et les adultes	sont traduits dans plusieurs langues.
Ses livres	était un superbe abécédaire*.

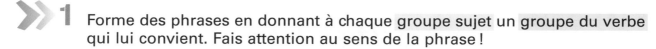

✱ **abécédaire** : livre illustré pour apprendre l'alphabet

Le groupe sujet et le groupe du verbe

 2 Dans chaque phrase, mets le groupe sujet entre crochets [ ] et souligne le groupe du verbe.

Ex. : [Son travail] a séduit les lecteurs du monde entier.

1. Il collectionne les récompenses.
2. Chaque illustration est une œuvre d'art.
3. Les jeunes lecteurs trouvent les personnages touchants.
4. L'humour et la tendresse caractérisent ses dessins.
5. Les personnages de ses livres sont souvent des animaux.

Un livre illustré par Stéphane Poulin.

 3 À l'aide d'un trait, relie les rectangles deux par deux afin de former quatre phrases.

Écris GS (pour groupe sujet) ou GV (pour groupe du verbe) dans la case à la gauche des rectangles.

	Les lionnes	avons visionné un documentaire captivant.
	Tu	étend son long cou.
	Nous	vont à la chasse.
	La gracieuse girafe	dessinez magnifiquement les animaux sauvages.
	Vous	adores les albums sur les animaux.

 4 a) Rédige une phrase à partir de l'illustration.

b) Mets le groupe sujet entre crochets et souligne le groupe du verbe.

_____

_____

_____

_____

Les types de phrases et leur point final

◎ Il y a différents **types de phrases**.

◎ La **phrase déclarative** est la phrase la plus employée. C'est celle qui affirme, qui constate, qui déclare.

Elle se termine par un **point**.

> Ginette Anfousse est une auteure de livres jeunesse.
> Ses livres sont de vrais petits bijoux.
> Elle ne manque pas d'imagination.

Connaissez-vous Ginette Anfousse ?

◎ La **phrase exclamative** exprime avec émotion un sentiment ou une opinion.

Elle se termine par un **point d'exclamation**.

> Quels livres magnifiques elle a écrits !
> Comme ils sont amusants !

◎ La **phrase interrogative** pose une question.

Elle se termine par un **point d'interrogation**.

> Est-ce que vous connaissez Ginette Anfousse ?
> Avez-vous déjà lu un de ses livres ?
> Combien de livres a-t-elle écrits ?

◎ La **phrase impérative** exprime un ordre, un conseil ou une demande.

Elle se termine par un **point** ou, parfois, par un point d'exclamation.

> Commencez votre lecture tout de suite.
> Lisez au moins un de ses albums pour tout-petits !
> Prête-moi son dernier livre, s'il te plaît.

Les types de phrases et leur point final

1 Lis chaque phrase attentivement et remarque bien son point final.
À la fin de la phrase, indique de quel type de phrase il s'agit.

> *Consulte la page 53.*

- **décl.** = phrase déclarative
- **excl.** = phrase exclamative
- **interr.** = phrase interrogative
- **impér.** = phrase impérative

Ex.: Lisez-vous souvent ?

> Phrase *interr.*

1. Connaissez-vous Arthur ?

> Phrase

2. Arthur est un personnage dans quelques romans de Ginette Anfousse.

> Phrase

3. Dans un de ces romans, Arthur reçoit un petit chien.

> Phrase

4. Il nomme son chien «Dimanche».

> Phrase

5. Comme son chien lui crée des ennuis !

> Phrase

6. Dès le premier jour, la chaussure neuve de son père ressemble à un véritable chou-fleur.

> Phrase

7. La casquette d'Arthur est vite trouée.

> Phrase

8. Des sachets de mayonnaise et de moutarde sont par terre, tout déchirés.

> Phrase

9. Quel gâchis épouvantable Dimanche a créé !

> Phrase

10. Le père d'Arthur n'était pas content du tout.

> Phrase

11. Est-ce qu'Arthur a pu garder son chien ?

> Phrase

12. Voulez-vous connaître les aventures d'Arthur et de Dimanche ?

> Phrase

13. Courez à la bibliothèque emprunter des romans.

> Phrase

2 Mets le point qui convient à la fin de chaque phrase :
un point . , un point d'exclamation ! ou un point
d'interrogation ? . Si tu hésites, consulte la page 53.

> *Utilise un crayon de couleur.*

À la cabane à sucre

Chaque printemps, on recueille la sève des érables ⎯ Avant, la sève

coulait dans des seaux fixés aux arbres ⎯ Avec un cheval et un traîneau,

on faisait le tour des arbres pour ramasser la sève ⎯ Aujourd'hui, la sève

circule dans de longs tuyaux ⎯ Elle est amenée directement dans de

grands récipients ⎯ On la fait bouillir ⎯ On obtient du sirop et de

la tire ⎯ Quelle bonne odeur cela dégage ⎯

Êtes-vous déjà allés à la cabane à sucre ⎯ Avez-vous aimé l'omelette

avec du sirop d'érable ⎯ Avez-vous goûté à la tire ⎯ Comme c'est

délicieux ⎯

3 **a)** Illustre le texte « À la cabane à sucre ».

b) Rédige une phrase à partir de ton illustration. Souligne la majuscule
et le point final.

Construire une phrase déclarative

◎ Pour écrire une **phrase déclarative**, tu dois utiliser un **groupe sujet** (GS) et un **groupe du verbe** (GV). C'est obligatoire ! (Voir la page 51.)

GS   GV

Un casque de sécurité est fourni avec le vélo.

◎ Termine les phrases déclaratives par un **point**.

 1 Voici ce qu'on peut trouver dans les petites annonces d'un journal.

> Patins à roues alignées à vendre. Pointure 6. Roues neuves. 20,00 $

> Bicyclette pour enfant à vendre. Usagée. Dix vitesses. Rouge. En bon état. 40,00 $

> Casque de sécurité à vendre. En fibre de verre. Solide. Presque neuf. Bleu avec dessins. 15 $

a) À partir des renseignements des petites annonces, compose au moins deux phrases déclaratives.

Ex. : Les patins

J'ai des patins à roues alignées à vendre.

J'ai installé des roues neuves.

La bicyclette _____

_____

_____

_____

Le casque de sécurité _____

_____

_____

_____

b) Pour vérifier si chacune de tes phrases est bien construite :

1° mets le groupe sujet entre crochets **[ ]** et souligne le groupe du verbe ;

2° surligne la majuscule du début de la phrase et le point final.

>> **2** Manuelo a fait une enquête dans sa classe : il a demandé à tous les élèves quel sport ils pratiquaient. Il a compilé les résultats dans le tableau suivant.

Sports pratiqués par les élèves de la classe de Manuelo	
Sport	**Nombre d'élèves**
Basketball	5
Hockey	5
Judo	3
Natation	7
Soccer	9
Tennis	1

a) À partir des données du tableau, rédige cinq phrases déclaratives.

Tu peux utiliser des verbes comme *pratiquer*, *jouer*, *aimer*, *préférer*, *choisir* ou d'autres, à ton choix. Change de verbe à chaque phrase.

Ex. : *Un seul élève joue au tennis.* _____

1. _____

_____

2. _____

_____

3. _____

_____

4. _____

_____

5. _____

_____

b) Pour vérifier si chacune de tes phrases est bien construite :

1° mets le groupe sujet entre crochets et souligne le groupe du verbe ;

2° surligne la majuscule du début de la phrase et le point final.

Construire une phrase exclamative

◎ Pour construire une phrase exclamative :

- commence ta phrase par un **mot exclamatif** ;
- termine-la par un **point d'exclamation**.

   Comme cette histoire est bouleversante !

◎ Les **mots exclamatifs** sont : *comme*, *que*, *quel*.

◎ Les mots *comme* et *que* s'écrivent toujours de la même façon ; ce sont des mots invariables.

   Comme les personnages de ce livre sont drôles !

   Que les dessins sont touchants !

   Qu'ils sont originaux !
   └─ Devant une voyelle : Qu'

◎ Le mot *quel* est un déterminant : il s'accorde avec le nom qu'il accompagne.

   Quels livres amusants cette auteure écrit !

   Quelles belles histoires elle invente !

≫ 1 La sorcière Tatibulle est très démonstrative. Elle s'exclame tout le temps.

a) Fais comme la sorcière Tatibulle. Transforme les phrases déclaratives en phrases exclamatives, en utilisant le mot *comme* ou le mot *que*.

Ex. : Ces fourmis sont délicieuses.

   <u>Comme ces fourmis sont délicieuses !</u>

Psst ! N'oublie pas le point d'exclamation !

1. Cette recette est intéressante.

   _____

   _____

2. Cette potion magique fait effet rapidement.

   _____

   _____

(L'activité se poursuit à la page suivante.)

3. J'obtiens de bons résultats.

_____

_____

b) Relis tes phrases pour les vérifier.

1° Surligne le mot exclamatif qui est au début de chaque phrase. Il doit commencer par une majuscule.

2° Surligne ton point d'exclamation.

Utilise un crayon de couleur.

2 Mets le point final qui convient :

- un point à la fin des phrases déclaratives ;
- un point d'exclamation à la fin des phrases exclamatives, c'est-à-dire celles qui commencent par un mot exclamatif.

> Chère Ginette,
>
> Toute petite, ma grande sœur lisait vos livres ___ Maintenant, je
>
> dévore moi aussi vos livres avec passion ___ J'ai apprécié la série avec
>
> Arthur ___ Maintenant, mes romans préférés sont ceux avec Rosalie ___
>
> Comme Rosalie est drôle ___ Qu'elle est espiègle et dégourdie ___
>
> J'ai lu toute la série ___ J'ai bien ri ___ J'ai hâte à la parution de votre
>
> prochain roman ___ Quels bons moments vous me faites passer ___
>
> Je vous remercie pour tous ces instants si agréables ___
>
> Un fidèle lecteur,
>
> Carlos

3 As-tu déjà fait un cauchemar (un mauvais rêve) ? Rédige deux phrases exclamatives à propos de ce cauchemar.

_____

_____

_____

_____

Construire une phrase interrogative

Il y a plusieurs façons de construire une phrase interrogative.
En voici deux.

Méthode 1 : avec *Est-ce que*. C'est la plus facile !

- Commence ta phrase par ***Est-ce que***.
- Mets ensuite le groupe sujet, puis le groupe du verbe.
- Termine ta phrase par un **point d'interrogation**.

> **Est-ce que** votre enfance a été heureuse ?
>
> **Est-ce que** vos parents travaillent ici ?
>
> **Est-ce qu'**ils sont âgés ?
>   └─ Devant une voyelle : Est-ce qu'

= GS

= GV

Méthode 2 : avec un pronom placé après le verbe.

- Commence ta phrase par le verbe.
- Après le verbe, mets un trait d'union et le pronom sujet qui convient : ***tu***, ***il***, ***elle***, ***on***, ***nous***, ***vous***, ***ils*** ou ***elles***.
- Termine ta phrase par un point d'interrogation.

> Veux-**tu** emprunter ce livre ?
>
> Voulez-**vous** lire cette histoire ?
>
> Allons-**nous** à la bibliothèque aujourd'hui ?

 1

a) Indique après chaque phrase interrogative si elle est construite avec la méthode 1 ou avec la méthode 2.

Ex. : Veut-(il) faire de l'escalade ? _____ méthode 2. _____

1. Est-ce que vous pratiquez un sport ? _____

2. Est-ce qu'Éloi a gravi cette montagne ? _____

3. As-tu le vertige ? _____

b) Entoure le pronom placé après le verbe dans les phrases construites avec la méthode 2.

Construire une phrase interrogative

2 **a)** Colle ici la photo de quelqu'un que tu aimerais interviewer. Tu peux aussi dessiner son portrait.

Écris son nom au-dessous.

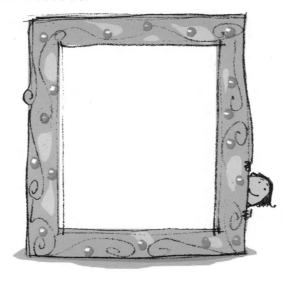

_____

b) Rédige cinq questions que tu aimerais poser à cette personne. Utilise la méthode 1 : toutes tes phrases doivent commencer par *Est-ce que.*

1. _____

_____

2. _____

_____

3. _____

_____

4. _____

_____

5. _____

_____

c) Vérifie tes phrases.

1° Surligne ***Est-ce que*** et le point d'interrogation.

2° Mets le groupe sujet entre crochets et souligne le groupe du verbe.

Construire une phrase interrogative

 3 **a)** Compose des phrases interrogatives, à l'aide de la méthode 2, en suivant les instructions. (Voir la page 60.)

N'oublie pas le trait d'union !

Ex. : Demande à un ami s'il veut aller jouer chez toi.

Veux-tu venir jouer chez moi ?

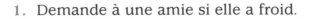

1. Demande à une amie si elle a froid.

   _____

2. Demande à la directrice d'école si elle aime le macaroni.

   _____

3. Demande à tes amis s'ils marchent tous les jours.

   _____

4. Demande à ton petit frère s'il sait nager.

   _____

5. Demande à la sorcière Tatibulle si elle mange souvent des fourmis.

   _____

b) Relis tes phrases, en vérifiant les aspects suivants.

   1° As-tu utilisé le bon pronom ?
   2° As-tu mis le pronom après le verbe ? Entoure-le.
   3° As-tu mis un trait d'union entre le verbe et le pronom ? Surligne-le.
   4° As-tu mis un point d'interrogation à la fin de chaque phrase ? Surligne-le.

La phrase de forme négative

◎ Une phrase peut être de forme positive ou de forme négative.

◎ La phrase de forme **négative** exprime le contraire d'une phrase de forme positive. Elle sert à nier ou à interdire quelque chose.

Phrases de forme positive	Phrases de forme négative
Patrice court souvent. ↓ PHRASE DÉCLARATIVE POSITIVE	Patrice ne court pas souvent. ↓ PHRASE DÉCLARATIVE NÉGATIVE
Va au parc avec lui. ↓ PHRASE IMPÉRATIVE POSITIVE	Ne va pas au parc avec lui. ↓ PHRASE IMPÉRATIVE NÉGATIVE

◎ Une phrase négative est construite avec des **mots de négation** comme *ne... pas*, *ne... plus*, *ne... jamais*.

Isa ne promène plus son chien.

Elle n'a pas le temps.
└─ Devant une voyelle ou un *h* muet, *ne* devient *n'*.

◎ Pour construire une phrase négative, mets le verbe conjugué entre deux mots de négation, par exemple entre *ne* et *pas*.

Un verbe est conjugué quand il est utilisé à une personne et à un temps donnés.

Tu *sortiras*.

Tu **ne** *sortiras* **pas**.

La phrase de forme négative

≫1 Le géant Bubulle a l'esprit de contradiction. Il répète les phrases de la sorcière Tatibulle en les mettant à la forme négative.

a) Voici des phrases de Tatibulle. Écris les phrases de Bubulle.

Tatibulle	Bubulle
Ex : Je déguste des fourmis bien dodues.	Je (ne) déguste (pas) des fourmis bien dodues.
1. Cette journée s'annonce bien.	
2. D'abord, je ferai le ménage de la maison.	
3. Ensuite, je nettoierai le terrain.	
4. Puis, je recevrai mes amis.	
5. Je préparerai un bon goûter.	
6. Je cuisinerai des sauterelles et des criquets.	

b) Entoure les deux mots de négation dans les phrases que tu as écrites.

> Quand on parle,
> on ne prononce pas toujours
> le ne ou le n' : « J'ai pas faim. »
> Mais à l'écrit, il faut le mettre !
> Je n'ai pas faim.

La phrase de forme négative

 2 **a)** Mets les phrases du texte à la forme négative, en procédant de la façon suivante.

1° Souligne les verbes conjugués.

2° Encadre ces verbes avec *ne* et *pas*, comme dans l'exemple. Si le verbe commence par une voyelle, utilise *n'*.

Des vacances attendues

Ex.: n'   pas

Ce jour tant attendu <u>arrive</u>. Mes parents sont en vacances. Je pars

avec eux. Nous sauterons sur nos bicyclettes. Nous verrons la mer.

Mon frère est content. Chantons gaiement.

b) Transcris ici les phrases négatives que tu as formées. Dans chacune de tes phrases, entoure les deux mots de négation.

Ex.: Ce jour tant attendu (n')arrive (pas).

_____

_____

_____

_____

_____

_____

c) Choisis une phrase dans le texte « Des vacances attendues » et illustre-la.

Un signe de ponctuation, la virgule

◎ Énumérer des choses, c'est les nommer l'une après l'autre. On appelle cela faire une **énumération**. Par exemple, dans la phrase suivante, on énumère ce que l'artiste Stéphane Poulin a illustré.

> Stéphane Poulin a illustré des albums, des affiches, des romans **et** des couvertures de livres.

◎ Quand on fait une énumération dans une phrase :
- on met une **virgule** entre les éléments de l'énumération, sauf devant le mot **et** ;
- on met le mot **et** devant le dernier élément de l'énumération.

◎ Parfois, c'est le mot **ou** qui unit le dernier élément de l'énumération aux autres.

> Je t'apporterai une bande dessinée, un roman **ou** un album sur les animaux.

1 Les phrases suivantes contiennent des énumérations.
Mets la virgule et le mot *et* aux endroits appropriés.

Ex. : Éric, Geoffroy, Isabel **et** Marie-Pier sont des lecteurs passionnés.

1. Éric dévore des bandes dessinées des romans d'aventures des romans de science-fiction des albums documentaires.

2. Les tout-petits les jeunes enfants les adolescents apprécient les livres.

3. Dans les romans dans les contes les personnages peuvent être des animaux des enfants des adultes des êtres imaginaires.

4. Sur la couverture d'un livre on trouve généralement le nom de l'auteur le titre de l'ouvrage le nom de la collection le nom de l'éditeur.

Un signe de ponctuation, la virgule

2 **a)** Pour chaque illustration, rédige <u>une</u> phrase contenant une énumération. Observe bien l'exemple.

Ex.: Les fruits préférés de Nadia

Les fruits préférés de Nadia sont les bleuets, les fraises et les clémentines.

Ou : Nadia préfère les bleuets, les fraises et les clémentines.

Ou : Les bleuets, les fraises et les clémentines sont les fruits préférés de Nadia.

1. Les légumes préférés de William

_____

_____

2. Les activités préférées d'Émilie

natation   soccer   musique

_____

_____

b) Dans chacune de tes phrases, surligne la virgule et le mot *et*. Cela te permettra de vérifier si tu as bien construit tes énumérations.

Le pronom

Des pronoms qui remplacent d'autres mots

◎ Un **pronom** remplace un mot ou un groupe de mots déjà mentionné dans le texte. Il permet ainsi d'éviter des répétitions.

◎ Très souvent, un pronom remplace un groupe du nom.

Le pronom est alors du même **genre** (masculin ou féminin) et du même **nombre** (singulier ou pluriel) que le groupe du nom qu'il remplace.

Dans le texte suivant, les mots soulignés appartiennent à la **classe des pronoms**.

L'ourse polaire

Lorsque l'hiver arrive, l'ourse polaire creuse une tanière dans la neige. Elle demeure dans cet abri pendant cinq mois. C'est là qu'elle donne naissance à ses oursons.

Au printemps, les oursons ont la taille de petits chiens. Ils se nourrissent du lait de leur mère. Mais celle-ci commence à avoir faim…

Une ourse et ses oursons.

- Dans le premier paragraphe, le pronom *elle* remplace le groupe du nom *l'ourse*.

- Dans le deuxième paragraphe, quel groupe du nom le pronom *Ils* remplace-t-il ?

  _____

- Quel groupe du nom le pronom *celle-ci* remplace-t-il ?

  _____

Le pronom

Des pronoms qui permettent la communication

Parfois, certains pronoms ne remplacent pas un groupe du nom qui a déjà été mentionné dans le texte. Ils désignent plutôt la personne qui parle ou la personne à qui on parle.

Lis, par exemple, le courriel suivant et remarque les mots en bleu.

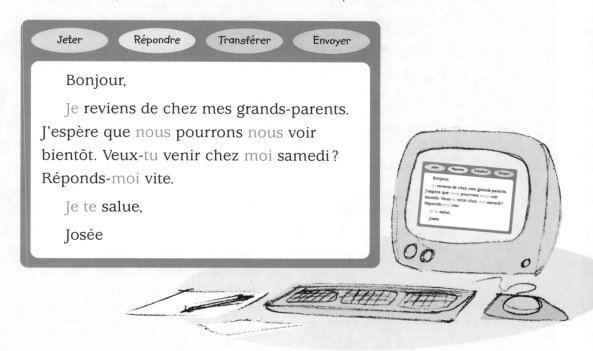

> Jeter　Répondre　Transférer　Envoyer
>
> Bonjour,
>
> Je reviens de chez mes grands-parents. J'espère que nous pourrons nous voir bientôt. Veux-tu venir chez moi samedi ? Réponds-moi vite.
>
> Je te salue,
>
> Josée

Dans ce texte, les pronoms *je* et *moi* désignent Josée, la personne qui a écrit le courriel. Les pronoms *tu* et *te* désignent la personne à qui est adressé le courriel. Le pronom *nous* désigne ces deux personnes.

Des exemples de pronoms

Quelques pronoms personnels	Fonction sujet	Fonction complément
1re personne du singulier	je (j')	me, moi
2e personne du singulier	tu	te, toi
3e personne du singulier	il, elle, on	le, la, lui
1re personne du pluriel	nous	nous
2e personne du pluriel	vous	vous
3e personne du pluriel	ils, elles	eux, elles, les, leur

Des pronoms démonstratifs				
Masculin singulier	**Féminin singulier**	**Masculin pluriel**	**Féminin pluriel**	**Forme neutre**
celui, celui-ci, celui-là	celle, celle-ci, celle-là	ceux, ceux-ci, ceux-là	celles, celles-ci, celles-là	ce, ceci, cela, ça

> Le pronom «je» devient «j'» devant une voyelle ou un h muet. J'arrive. J'habite ici.

Attention aux mots *le*, *la*, *les*

> Attention !

Les mots *le*, *la*, *les* sont parfois des déterminants, parfois des pronoms.

> La mouffette rayée réagit vite. Les gens la fuient.
> dét.   pr.

Le premier *la* est un déterminant : il fait partie du groupe du nom *la mouffette rayée*. Il est suivi d'un nom.

Le deuxième *la* est un pronom : il remplace *la mouffette rayée*. Il est suivi d'un verbe.

C'est la même chose avec *le* et *les*.

> Le raton laveur a l'air d'avoir un masque. On le reconnaît grâce à ce masque.
> dét.   pr.

> Les animaux sont étonnants. Je les observe souvent.
> dét.   pr.

1 **a)** Lis tout le texte, puis entoure les pronoms.

b) Au-dessus de chaque pronom, écris le groupe du nom qu'il remplace.

Consulte le tableau des pronoms personnels à la page 70.

Les rêves

Ex.: Les rêves sont étranges. (Ils) semblent parfois tellement réels.

Un cauchemar

Carmella a fait un rêve bizarre. Un ogre entrait dans sa chambre.

Il prenait les meubles, les jouets et les livres, puis disparaissait.

Peu après, une sorcière arrivait à son tour. Elle faisait d'étranges

dessins sur les murs de la chambre. Carmella a eu peur. Elle a sursauté

et a poussé un cri.

Ses parents sont accourus. Ils ont fait le tour de la chambre avec elle.

Ils lui ont montré les meubles, les jouets et les livres. Chaque chose était

à sa place.

Carmella était rassurée. Elle s'est vite rendormie.

>> **2** Remplace les mots en caractères gras par le pronom approprié. Choisis tes réponses parmi les pronoms personnels suivants.

> • il   • ils   • elle   • elles

Des animaux du Canada

Ex. : Les loups ont mauvaise réputation.

ils

Pourtant, **les loups** s'attaquent très rarement aux humains.

Le lièvre court très vite.

1. Le lièvre arctique est tout blanc, sauf le bout des oreilles qui est noir.

   _____

   Le lièvre arctique vit dans le nord du Canada.

2. Pendant l'hiver, les marmottes dorment de longues périodes.

   _____

   Les marmottes se réveillent tous les quatre à six jours, mais pour très

   _____

   peu de temps. **Les marmottes** passent l'hiver dans leur terrier.

   _____

3. L'écureuil gris vit dans les forêts du sud du Canada, mais **l'écureuil gris** est très présent aussi dans les villes.

4. La femelle du renard roux a des petits une fois par année.

   _____

   La femelle du renard roux peut avoir de un à douze petits à la fois.

   _____

5. Le lynx du Canada est un superbe chat sauvage. **Le lynx** vit dans

   _____

   les forêts du nord. **Le lynx** a la queue courte, de longues pattes et des grosses touffes de poils sur les oreilles. Cet animal peut se déplacer

   _____

   rapidement sur la neige. Ses pieds sont grands. **Ses pieds** lui servent de raquettes.

Le pronom

3 **a)** Fais une courte recherche sur un animal de ton choix.

b) Rédige trois ou quatre phrases sur cet animal. Quelques-unes de tes phrases doivent contenir un pronom.

_____

_____

_____

_____

_____

_____

_____

_____

_____

c) Révise ton texte de la façon suivante.

1° Surligne la majuscule au début de chaque phrase.

2° Surligne le point final.

3° Souligne les pronoms. Écris au-dessus de chaque pronom le groupe du nom qu'il remplace. C'est un moyen de vérifier si tu as utilisé le pronom qui convient.

d) Dessine l'animal que tu as choisi.

Mets une légende sous ton illustration.

>>**4** Complète les phrases en ajoutant le pronom personnel qui convient.

Consulte le tableau des pronoms personnels à la page 70.

Jour de tempête

Hier, il y a eu une tempête de neige. _____ sommes allés dans le parc. De gros flocons tombaient sans arrêt ; _____ recouvraient les arbres d'une couverture scintillante. Par terre, la neige était molle et collante : _____ était parfaite pour nos jeux !

_____ avons fait des balles de neige, puis une bataille. C'était amusant. Mes sœurs ont construit un fort. _____ sont ensuite allées se changer, car leurs vêtements étaient tout mouillés.

_____ sont revenues avec un vieux chapeau de mon père, sa vieille écharpe et une grosse carotte. _____ avons fait un énorme bonhomme de neige. _____ ressemblait à mon père, même si le nez était un peu trop long !

_____ adore les tempêtes de neige.

Le groupe du nom

Le nom

Le nom commun

◎ Le **nom commun** est un mot qui sert à désigner :

- des êtres vivants : fille, enseignant, chat,
- des objets : règle, sel, pomme, cahier,
- des lieux : ville, lac, pays,
- des actions, des activités : patinage, chant, lecture,
- des sentiments, des manières d'être : joie, tristesse, beauté,

et bien d'autres choses encore !

Bref, le nom commun désigne toutes sortes de « choses », des choses qu'on peut toucher et des choses qu'on ne peut pas toucher.

◎ Devant un nom commun, on peut mettre un déterminant, c'est-à-dire un mot comme : *le, la, l', les, un, une, du, des.*

Vérifions cela avec les mots donnés en exemple : une fille, un enseignant, le chat, une règle, du sel. Poursuis avec les autres mots de la liste.

◎ Dans une phrase, les noms communs sont souvent précédés d'un déterminant.

> Nous allons bientôt déménager. (Les) pièces sont pleines à craquer. (Mes) parents ont empilé (plusieurs) boîtes dans (le) salon. C'est (la) folie dans (la) maison !

> Ici, les mots entourés sont des déterminants ; les mots en bleu sont des noms communs.

 1 a) Dresse la liste de ce qu'il y a habituellement dans ton pupitre. Nomme cinq objets.

Commence chacune de tes réponses par un des mots suivants : *un, une, deux, trois, mon, ma, mes, des, plusieurs.*

Ex. : (des) élastiques _____ _____

_____ _____

_____ _____

b) Relis ta liste et souligne les noms communs, comme dans l'exemple.

c) Le mot qui précède chaque nom commun est un déterminant. Entoure-le.

Le nom commum et le nom propre

»2 **a)** Nomme quatre sports ou activités que tu pratiques. Commence chaque réponse par un déterminant comme **le** ou **la** (ou **l'**). Souligne ensuite le nom.

Ex.: la <u>natation</u>

_____   _____

_____   _____

b) Nomme deux qualités que tu apprécies. Commence chaque réponse par un déterminant comme **le** ou **la** (ou **l'**). Souligne ensuite le nom.

Ex.: la <u>franchise</u>

_____   _____

»3 Lis le texte suivant et souligne tous les noms communs. Les mots entourés sont des déterminants.

❶ (Ma) mère a loué (un) camion pour (le) déménagement. ❷ (Des) amis viendront nous aider. ❸ Il y en a (des) choses à emballer ! ❹ (L')excitation est grande. ❺ Même (mon) chien Pirouette est énervé.

Dans un dictionnaire, un nom porte la mention « nom » ou « n. ».

Le nom commum et le nom propre

4 Souligne les noms communs dans les phrases suivantes.

1. Je verrai bientôt la ville où on habitera.

2. Je ferai la connaissance de plusieurs personnes : la directrice, les enseignants, les élèves, nos voisins.

3. Là-bas, je pratiquerai le patin et le judo.

4. J'apporte dans mes bagages les photos de mes amis actuels.

5. Je ne trouve plus mon chien.

6. Oh ! Une boîte bouge ! C'est Pirouette ! Il était emprisonné sous un carton !

Le nom propre

◎ Pour te différencier des autres enfants, tes parents t'ont donné un prénom. Quel est ce prénom ? _____

Imagine que tu reçois un chat. Quel nom lui donnerais-tu ?

_____

Écris le nom de ton école : _____

Écris le nom de ta ville : _____

Ces mots que tu as écrits, ce sont des **noms propres**.

◎ On peut donner un **nom propre** à :
- une personne ou un animal : mon ami Jules Toussaint, mon chien Nestor ;
- un lieu : le fleuve Saint-Laurent, la ville de Québec ;
- un édifice : l'école Soleil, l'aréna Maurice-Richard ;
- une fête : la fête des Mères, l'Halloween.

◎ Un **nom propre** commence toujours par une **majuscule**.

Mon ami Léo vient de la ville de Gatineau.

Le nom commum et le nom propre

 1 Souligne les noms propres, puis classe-les dans le tableau.

De Laval à Roberval

J'ai toujours vécu dans la ville de Laval, tout près de Montréal.
Cette année, nous devons déménager. Cela fait deux ans que mon père,
Marc Bouchard, travaille à Roberval, une ville à plus de quatre cents
kilomètres de chez nous. Une fois par mois, il vient nous voir. C'est
un long trajet.

Ma mère a trouvé un emploi dans la même ville que mon père.
Elle s'appelle Nadia Dao. Elle va travailler à l'hôpital Hôtel-Dieu. Moi,
j'irai à l'école Notre-Dame. Je suis triste de quitter mes amis Noémie
et Julien. Mais je suis content parce qu'on pourra se voir plus souvent,
mes parents, mon petit frère Charlot et mon chien Pirouette.

Noms propres de personnes	Noms propres d'animaux	Noms propres de lieux (des villes, par exemple)	Noms propres d'édifices

 2 Donne un nom propre à chaque élément illustré.
N'oublie pas la majuscule !

1.

2.

3.

_____   _____   _____

Le genre et le nombre du nom

Le genre du nom

◎ En français, il y a deux **genres** : le **masculin** et le **féminin**.

Quand un nom est **masculin**, on peut mettre *le* ou *un* devant.

Quand un nom est **féminin**, on peut mettre *la* ou *une* devant.

un pupitre :	Le nom « pupitre » est masculin.
un enseignant :	Le nom « enseignant » est masculin.
la patience :	Le nom « patience » est féminin.

◎ Si on hésite sur le **genre** du nom, on consulte un **dictionnaire**.

Les abréviations « m. » ou « masc. » veulent dire « masculin ».

Les abréviations « f. » ou « fém. » veulent dire « féminin ».

◎ Généralement, les noms qui désignent des personnes et des animaux peuvent prendre les deux genres :

un enseignant : masculin	**une** enseignante : féminin
un ours : masculin	**une** ourse : féminin

Le nombre du nom

◎ Un nom peut être au **singulier** ou au **pluriel**.

Si on parle d'*un*… ou d'*une*…, le nom est au singulier.	Si on parle de *deux*… ou de *plusieurs*…, le nom est au pluriel.
une maison, sa cheminée, la porte	deux maisons, ses cheminées, les portes
	En général, le nom au pluriel se termine par un *s*.

◎ **Quand on écrit**, le déterminant nous indique souvent si le nom qui suit doit être au singulier ou au pluriel. C'est le cas des exemples ci-dessus.

◎ Mais il n'y a pas toujours de déterminant devant le nom. Il faut alors s'appuyer sur le sens pour mettre le nom au singulier ou au pluriel.

Ma sœur s'est mise en pyjama.	Le toit de tuiles doit être réparé.
Elle ne met qu'**un** pyjama : le nom est au singulier.	Il y a **plusieurs** tuiles sur le toit : le nom est au pluriel. Il se termine par un *s*.

Le genre et le nombre du nom

1 **a)** Dans le texte suivant, les noms sont en gras. Classe-les selon qu'ils peuvent changer ou non de genre.

Ma rue

La **rue** où j'habite me plaît beaucoup. Il y a un **parc** avec des **arbres** magnifiques. Pas très loin, une **pâtisserie** répand une **odeur** extraordinaire. Le **pâtissier** me donne parfois un **croissant** ou une **brioche**. C'est un **régal**. Hier, un **chien** attendait à la **porte**. Il a reniflé mon **goûter**, puis m'a regardé d'un **air** suppliant.

Des noms qui ne peuvent pas changer de genre		Des noms qui peuvent changer de genre
Ex.: rue		

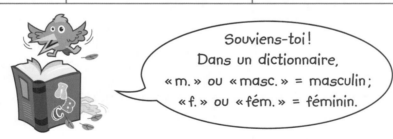

Souviens-toi !
Dans un dictionnaire,
« m. » ou « masc. » = masculin ;
« f. » ou « fém. » = féminin.

b) Mets au féminin les noms que tu as écrits dans la colonne de droite.

_____

c) Complète la phrase suivante.

Les noms qui peuvent changer de genre désignent généralement une

_____ ou un _____ .

≫2 Cherche les noms suivants dans le dictionnaire. Écris leur genre (masculin ou féminin), puis ajoute devant chacun le déterminant *un* ou *une*.

Ex. : ___un___ autobus : _masculin_____

1. _____ heure : _____

2. _____ escalier : _____

3. _____ accident : _____

4. _____ oreille : _____

5. _____ avion : _____

6. _____ araignée : _____

7. _____ étoile : _____

8. _____ auto : _____

9. _____ orteil : _____

≫3 Classe les noms en caractères gras dans le tableau, selon leur genre : masculin ou féminin. Pour justifier ta réponse, écris *un* devant les noms masculins et *une* devant les noms féminins.

Mon père

Mon **père** est très sympathique. Il a le **sens** de l'**humour** et une **énergie** incroyable. Il joue souvent avec nous à la **balle**. Quand il vient à l'**école**, on le salue avec **chaleur**. Le **soir**, il me lit souvent une **histoire**.

Masculin		Féminin	
Ex. : un père			

>> **4** Classe les noms en caractères gras dans le tableau, selon leur nombre : singulier ou pluriel. Si le nom a un déterminant, écris-le aussi, comme dans l'exemple.

Au supermarché

Hier, j'étais au **supermarché** avec ma **mère**. Pendant qu'elle était au **comptoir** des **viandes**, je me promenais dans les **allées** des **aliments** en conserve. Une **pancarte** annonçait un **rabais** pour les **légumineuses**.

Les **boîtes** étaient disposées sous la **forme** d'une **pyramide**. Je suis passé trop près. Patatras ! tout est tombé par terre dans un **vacarme**✳ terrible. J'avais les **joues** rouges !

✳ **vacarme** : un bruit très fort

Pour vérifier si un mot est un déterminant, consulte le tableau de la page 91.

Noms au singulier avec leur déterminant	Noms au pluriel avec leur déterminant
Ex. : au supermarché	

5 Indique le genre et le nombre de chaque nom en caractères gras. Utilise les abréviations suivantes.

masculin : m.   féminin : f.

singulier : s.   pluriel : pl.

Au supermarché (*suite*)

Ex. : m. s. _____   _____

Le **gérant** du **supermarché** est un **homme** bien patient. Quand,

_____   _____

par ma **faute**, toutes les **boîtes** sont tombées par terre, il s'est mis

_____   _____

à rire aux **éclats**. Ses **fossettes** se sont creusées, son **nez** s'est plissé,

_____   _____   _____

son **menton** a tremblé. Puis il a refait l'**installation** de **façon** plus solide.

_____

Je me suis discrètement dirigé vers les autres **rayons**.

_____   _____   _____

Ma **mère** m'avait demandé de trouver du **jus** de **légumes**

_____

et du **riz** brun.

_____   _____

J'ai fait bien attention à ce que mes **épaules**, mes **hanches**,

_____   _____   _____

mes **pieds**, mes **coudes** et mes **mains** ne touchent à rien…

La formation du féminin des noms

Les règles suivantes concernent les noms de personnes et d'animaux.

Règle générale	Exemples	
Pour mettre un nom masculin au féminin, on ajoute un *e* à ce nom.	un ami → une amie André → Andrée un patient → une patiente un Québécois → une Québécoise un voisin → une voisine	**Attention !** À l'oral, on n'entend pas toujours le *e* du féminin, mais à l'écrit, il ne faut pas l'oublier.

Cas particuliers	Exemples	Exceptions ou remarques
On ne fait aucun changement aux noms qui se terminent déjà par *e*.	un adult**e** → une adult**e** un élèv**e** → une élèv**e**	Exceptions : un prince → une princesse un tigre → une tigresse
On change le nom en partie ou complètement.	un cheval → une jument un coq → une poule un garçon → une fille un homme → une femme un père → une mère	
On change parfois les lettres finales avant d'ajouter le *e* du féminin. Voici quelques cas : • el → elle • en → enne • on → onne • er → ère • eux ⟍ • eur ⟋ euse • teur ⟨ trice / teuse • oux → ouse • f → ve	ce crimin**el** → cette criminelle ton chi**en** → ta chienne mon patr**on** → ma patronne le passag**er** → la passagère le pompi**er** → la pompière ce religi**eux** → cette religieuse un vend**eur** → une vendeuse le direc**teur** → la directrice le chan**teur** → la chanteuse son ép**oux** → son épouse ce sporti**f** → cette sportive	Exceptions : mon compagn**on** → ma compagne un dind**on** → une dinde Quelques noms en ***eur*** font *eure*, par exemple : un ingéni**eur** → une ingénieure un profess**eur** → une professeure Quelques noms en ***teur*** font *teure*, par exemple : un doc**teur** → une docteure Exception : un chef → une chef

La formation du pluriel des noms

Règle générale	Exemples	Exceptions
Pour mettre un nom singulier au pluriel, on ajoute un *s* à ce nom.	un clou → des clous une dent → des dents un chocolat → des chocolats une fille → des filles un numéro → des numéros une pensée → des pensées un chandail → des chandails	bijou, caillou, chou, genou, hibou, joujou, pou → bijoux, cailloux, choux, genoux, hiboux, joujoux, poux un travail → des travaux

Cas particuliers	Exemples	Exceptions
On ne fait aucun changement aux noms qui se terminent par *s*, *x* ou *z*.	un gars → des gars une voix → des voix un nez → des nez	
On change le nom en partie ou complètement.	madame → mesdames monsieur → messieurs un ciel → des cieux un œil → des yeux	
On ajoute un *x* aux noms qui se terminent par *eu*, *au*, *eau*.	un jeu → des jeux un noyau → des noyaux un chapeau → des chapeaux	un bleu → des bleus (après une chute) un pneu → des pneus
On change *al* en *aux*.	un animal → des animaux un cheval → des chevaux un journal → des journaux	un carnaval → des carnavals un festival → des festivals un récital → des récitals

La formation du féminin des noms

≫1 **a)** Mets les noms au féminin. Consulte le tableau de la page 84.

Masculin		**Féminin**
1. un client	une	_____
2. un étranger	une	_____
3. un enseignant	une	_____
4. le chanceux	la	_____
5. un député	une	_____
6. mon voisin	ma	_____
7. cet arbitre	cette	_____
8. son patron	sa	_____
9. un docteur	une	_____
10. le pilote	la	_____
11. un artiste	une	_____
12. un avocat	une	_____
13. ce Montréalais	cette	_____
14. le caissier	la	_____
15. un cousin	une	_____
16. René		_____
17. un fermier	une	_____
18. l'infirmier	l'	_____
19. un amoureux	une	_____
20. un champion	une	_____

b) Surligne en jaune les noms qui suivent la règle générale de formation du féminin, c'est-à-dire l'ajout d'un **e**.

c) Souligne en bleu les noms qui ont la même forme au masculin et au féminin.

Si tu hésites, consulte un dictionnaire.

2 Récris les phrases en mettant au féminin les noms en caractères gras. N'oublie pas de mettre les déterminants au féminin, lorsqu'il y en a.

Des carrières prometteuses

Ex.: Mon **chat** veut devenir **nageur** de compétition.

Ma chatte veut devenir nageuse de compétition.

1. Le **lion** rêve d'être **professeur** de chant.

_____

2. Le **dindon** aimerait être **boucher** ou **épicier**.

_____

3. Le **tigre** sera **dompteur** d'animaux sauvages.

_____

4. L'**ours** voudrait être **gardien** d'enfants.

_____

3 Les noms masculins suivants changent complètement de forme au féminin. Écris-les au féminin. Au besoin, utilise un dictionnaire.

Masculin	Féminin
1. un frère	une
2. mon oncle	ma
3. un vieux	une
4. un parrain	une
5. un grand-père	une
6. son neveu	sa
7. un bouc	une
8. un coq	une
9. un singe	une
10. un canard	une

La formation du pluriel des noms

1 Mets les noms au pluriel. Consulte le tableau de la page 85 ou un dictionnaire.

	Singulier		Pluriel
1.	un livre	des	_____
2.	mon chapeau	mes	_____
3.	un vieux	des	_____
4.	le paysage	les	_____
5.	un carreau	des	_____
6.	ma mitaine	mes	_____
7.	un bisou	des	_____
8.	ton chandail	tes	_____
9.	un pneu	des	_____
10.	un nez	des	_____
11.	une cerise	des	_____
12.	une souris	des	_____
13.	un abricot	des	_____
14.	un citron	des	_____
15.	un moineau	des	_____
16.	un mètre	des	_____
17.	un noyau	des	_____
18.	l'animal	les	_____
19.	un feu	des	_____
20.	un pyjama	des	_____

2 **a)** Écris le nom de l'objet ou de l'animal dessiné, en précisant la quantité.

Ex. :

1.

trois serpents

_____

_____

2.

3.

_____

_____

4.

5.

_____

_____

b) Vérifie si tu as bien mis la marque du pluriel dans les noms. Surligne cette marque du pluriel.

Le déterminant

◎ Le **déterminant** sert à introduire un nom dans une phrase ; il est donc toujours placé **avant le nom**.

En général, les enfants raffolent des framboises.
      dét.   N   dét.   N

◎ Dans une phrase, il peut y avoir un adjectif entre le déterminant et le nom.

Cette délicieuse compote me fait saliver.
dét.   adj.   N

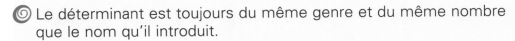

dét. = déterminant
adj. = adjectif
N = nom

◎ Le déterminant est toujours du même genre et du même nombre que le nom qu'il introduit.

masculin singulier	féminin singulier	masculin pluriel	féminin pluriel
cet automne	ta volonté	leurs goûts	vos folies

Consulte régulièrement
un tableau des déterminants,
comme celui de la page suivante.
Tu apprendras vite à reconnaître
cette classe de mots.

◎ Il ne faut pas confondre les déterminants « ses » et « ces ».

Ses : déterminant possessif = à lui, à elle	Ces : déterminant démonstratif = ceux-là, celles-là
L'hippopotame brosse ses chaussures.	Voici des dauphins ; ces animaux sont passionnants.

Retiens ce truc :
dans « pos**ses**sif »,
il y a le mot « **ses** ».

Le déterminant

Tableau des déterminants

	Masculin singulier	Féminin singulier	Masculin pluriel	Féminin pluriel
Déterminants articles	le chat l'hiver	la mer l'étoile	les épis	les rues
	un chien	une roche	des cailloux	des cages
Déterminants contractés	aller au théâtre	—	parler aux garçons	parler aux filles
	le tour du monde	—	le jeu des garçons	le jeu des filles
Déterminants possessifs	mon sac	ma* tâche	mes soucis	mes leçons
	ton jeu	ta peine	tes t-shirts	tes joues
	son stylo	sa joie	ses patins	ses lèvres
	notre sport	notre pensée	nos trésors	nos lunettes
	votre tour	votre robe	vos bras	vos idées
	leur rôle	leur valeur	leurs livres	leurs leçons
Déterminants démonstratifs	ce printemps cet été cet hiver	cette année	ces céleris	ces poires
Déterminants numéraux	un point	une note	**Invariables** **trois** enfants, **quatre** enfants, **douze** enfants, **treize** enfants, **vingt-deux** enfants, etc.	

* Devant un nom féminin qui commence par une voyelle ou un *h* muet,
on conserve *mon, ton, son* : *mon amie, ton énergie, son habitude.*

	Singulier	Pluriel
D'autres déterminants	chaque élève un certain soir, une certaine personne quel prix, quelle chanson tout le pays, toute la classe un autre joueur, une autre joueuse le même livre, la même blague	certains soirs, certaines personnes quels prix, quelles chansons tous les pays, toutes les classes les autres joueurs, les autres joueuses les mêmes livres, les mêmes blagues plusieurs animaux quelques poires

Le déterminant

 1 Entoure les déterminants. Relie ensuite le déterminant au nom qu'il introduit, comme dans l'exemple.

Ex.: (Le) samedi, nous allons faire (notre) marché.

1. Pour séduire les clients, les épiciers soignent leurs étalages.

2. Ma mère est attirée par les fruits exotiques

   joliment disposés sur les présentoirs.

3. Dès son arrivée, mon père se dirige vers

   le comptoir des fromages, à l'extrémité du magasin.

4. Cette semaine, mes parents ont un événement à célébrer.

   Ils ont acheté quelques crevettes pour la fête.

> N'oublie pas la majuscule au début d'une phrase.

5. Quel festin savoureux on aura !

 2 Ajoute le déterminant qui convient, en le choisissant dans la liste. Utilise <u>une seule fois</u> chaque déterminant.

1.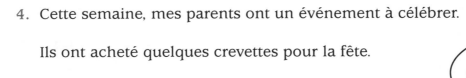
   des ~~la~~ le l' un

   ___La___ famille Belhumeur a organisé _____ pique-nique

   sur _____ herbe. _____ voisins l'accompagnent. On a

   emprunté _____ panier de provisions de tante Rose.

2. aux du l' les une

   On a apporté de _____ eau, _____ jus, _____ énorme

   salade et _____ fameux sandwichs _____ œufs de tante Rose.

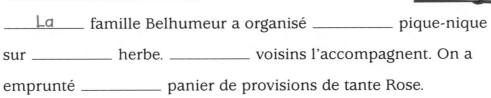

(L'activité se poursuit à la page suivante.)

3. au   des   la   le   les

Peu à peu, _____ nuages gris envahissent

_____ ciel. Lorsque _____ pique-niqueurs

arrivent _____ parc, _____ pluie s'abat brusquement.

4. la   le   l'   les

_____ tables de pique-nique sont mouillées, _____ sable est

trempé. Tout le monde remonte dans _____ voiture : le pique-nique

aura lieu dans _____ appartement de tante Rose.

> **Attention !** Lorsque le déterminant est au début d'une phrase, il doit commencer par une majuscule.

3 Complète les phrases en choisissant dans le tableau le déterminant possessif qui convient.

Masculin singulier	Féminin singulier	Masculin ou féminin pluriel	Masculin ou féminin singulier	Masculin ou féminin pluriel
mon ton son	ma ta sa	mes tes ses	notre votre leur	nos vos leurs

En visite chez les grands-parents

Je vais passer la fin de semaine chez ___mes___ grands-parents.

Dans _____ valise, j'ai mis _____ brosse à dents, _____

pantoufles, _____ pyjama et d'autres vêtements. Grand-maman

va me montrer _____ vieilles photos. Grand-papa m'emmènera

certainement dans _____ jardin. _____ grands-parents

aiment me raconter _____ souvenirs. Et toi, vois-tu parfois

_____ grands-parents ? Est-ce qu'ils viennent parfois dans

_____ maison ?

Le déterminant

 4 Complète les phrases en mettant le déterminant démonstratif qui convient : *ce*, *cet*, *cette* ou *ces*.

Pour justifier ta réponse, écris le genre et le nombre du nom qui suit le déterminant.

Devant un nom masculin qui commence par une voyelle ou un h muet, on utilise « cet ».

Ex.: ___*Cet*___ **m. s.** automne, j'irai jouer dans les feuilles mortes.

1. J'ai lu le roman *Les raisins*. _____ livre m'a

   beaucoup plu.

2. Donne-moi _____ figurines-là, dit Manon

   à Philippe.

3. As-tu vu comme _____ oiseau est superbe ?

4. J'ai entendu une légende passionnante. Voulez-vous

   que je vous raconte _____ histoire ?

5. _____ hiver, j'apprendrai à patiner.

Utilise les abréviations :
m. = masculin
f. = féminin
s. = singulier
pl. = pluriel

5 Mets le déterminant qui convient : *ses* ou *ces*. Consulte le tableau de la page 90.

1. Hier soir, j'ai rencontré Pascal et Martin. _____ garçons m'ont

   fait rire aux larmes.

2. Amélie a perdu _____ gommes à effacer et _____ cahiers.

   _____ parents n'étaient pas très contents.

3. Il y a plein de fourmis dans le sous-sol. _____ petites bêtes

   envahissent tout.

4. J'ai lu deux bandes dessinées. _____ albums

   m'ont amené dans un autre pays.

5. Le lion prend bien soin de _____ griffes.

L'adjectif

◎ Un nom est souvent accompagné d'un **adjectif**.

L'**adjectif** est un mot qui permet de décrire ou de préciser le nom.

un gros ours	des animaux terrestres
Le mot « gros » permet de décrire l'ours. Ce mot est un adjectif.	Le mot « terrestres » précise la sorte d'animaux dont on parle. Ce mot est un adjectif.

◎ L'adjectif peut être placé avant ou après le nom.

Parfois, avant l'adjectif, il y a un mot invariable comme « très » ou « trop ».

un lièvre très rapide	une très grosse baleine	un animal trop tapageur
dét. N adj.	dét. adj. N	dét. N adj.

◎ L'adjectif prend toujours le genre (masculin ou féminin) et le nombre (singulier ou pluriel) du nom qu'il accompagne.

masculin singulier	féminin singulier	masculin pluriel	féminin pluriel
un mulot gris	la petite souris	des rongeurs voraces	des bêtes effrayantes

◎ L'adjectif suit les mêmes règles que le nom.

En général, au féminin, l'adjectif prend un *e*.

En général, au pluriel, l'adjectif prend un *s*.

L'**adjectif** n'accompagne pas toujours un nom. Dans les exemples suivants, l'adjectif suit le verbe *être*.

masculin singulier	masculin pluriel	masculin pluriel
L'orignal est imposant.	Ces animaux sont très robustes.	Ils sont forts.

Les adjectifs qui suivent le verbe *être* s'accordent de la même façon que lorsqu'ils accompagnent un nom : avec le nom ou le pronom qu'ils décrivent.

1 Écris au-dessus de chaque nom son genre (masculin ou féminin) et son nombre (singulier ou pluriel).

Trouve ensuite l'adjectif qui lui convient dans la liste suivante.

- âgée
- ~~blonds~~
- inférieur
- profond
- rouges
- scolaire

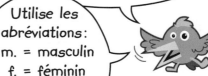

L'adjectif doit être du même genre et du même nombre que le nom.

Utilise les abréviations :
m. = masculin
f. = féminin
s. = singulier
pl. = pluriel

$\qquad$ m. pl.

Ex. : des cheveux _____ blonds _____

1. une personne _____

2. un sentiment _____

3. plusieurs balles _____

4. l'autobus _____

5. un nombre _____

2 Écris le genre et le nombre au-dessus de chaque nom en caractères gras.

Ajoute ensuite un adjectif de ton choix. Tiens compte du genre et du nombre du nom.

1. Samuel regarde dehors. Une **neige** _____ recouvre le sol.

2. Quelle _____ **journée** s'annonce !

3. Il met rapidement son habit de neige, ses **mitaines** _____

   et sa **tuque** _____ .

4. Il fait trois _____ **boules** de neige.

5. Il creuse un _____ **trou** dans la neige.

6. Pirouette saute dans le trou en secouant joyeusement

   ses _____ oreilles.

3 Souligne tous les adjectifs dans le texte suivant.
Relie chaque adjectif au nom qu'il accompagne.

Ex.: **Les fourmis mystérieuses**

André Francœur
collectionne
les fourmis.

❶ Un professeur québécois étudie les fourmis

depuis ses jeunes années. En fait, il a consacré

sa vie entière à ces petites bêtes.

❷ Sa spectaculaire collection contient environ

300 000 insectes.

❸ On peut y voir des très grosses fourmis. Il y a aussi

des fourmis minuscules : il faut les regarder avec

une loupe puissante.

❹ « Ce sont des animaux extraordinaires, dit monsieur André

Francœur, le célèbre professeur. Elles creusent sous la terre des

galeries solides. Elles pratiquent la chasse et l'agriculture. »

Source : *Actualité,* 1er juin 2006, p. 91.

Une partie de la collection de fourmis du célèbre professeur.

L'adjectif

>> **4** Autour de chaque nom, écris des adjectifs qui pourraient servir à décrire ce nom.

_____   _____

_____   _____

_____   _____

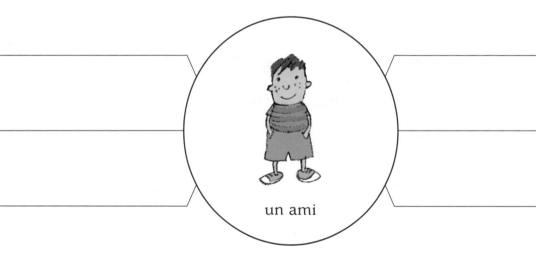

une musique

_____   _____

_____   _____

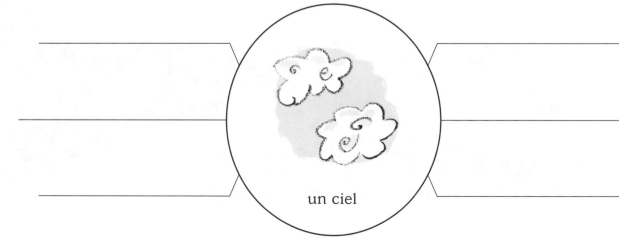

un ami

_____   _____

_____   _____

un ciel

La formation du féminin des adjectifs

Règle générale	Exemples	
Pour mettre un adjectif masculin au féminin, on ajoute un *e* à cet adjectif.	bleu ➝ bleue charmant ➝ charmante exténué ➝ exténuée gris ➝ grise	**Attention !** À l'oral, on n'entend pas toujours le *e* du féminin, mais à l'écrit, il ne faut pas l'oublier.

Cas particuliers	Exemples	
On ne fait aucun changement aux adjectifs qui se terminent déjà par *e*.	deuxième ➝ deuxième jaune ➝ jaune paisible ➝ paisible	
On change parfois les lettres finales de l'adjectif avant d'ajouter le *e* du féminin. Voici quelques cas : • el ➝ elle • en ➝ enne • on ➝ onne • er ➝ ère • eux ⟍ • eur ⟋ euse • teur ⟨ trice / teuse • oux ⟨ ouse / ousse / ouce • f ➝ ve	naturel ➝ naturelle moyen ➝ moyenne mignon ➝ mignonne léger ➝ légère droitier ➝ droitière heureux ➝ heureuse moqueur ➝ moqueuse créateur ➝ créatrice menteur ➝ menteuse jaloux ➝ jalouse roux ➝ rousse doux ➝ douce inventif ➝ inventive	Quelques adjectifs en *eur* font *eure*, comme : inférieur ➝ inférieure supérieur ➝ supérieure
Il y a d'autres formes particulières.	beau ➝ belle blanc ➝ blanche favori ➝ favorite franc ➝ franche long ➝ longue mou ➝ molle nouveau ➝ nouvelle vieux ➝ vieille	

La formation du pluriel des adjectifs

Règle générale	Exemples
Pour mettre un adjectif singulier au pluriel, on ajoute un *s* à cet adjectif.	distrait → distraits fou → fous distraite → distraites mou → mous bleu → bleus nouvelle → nouvelles

Cas particuliers	Exemples
On ne fait aucun changement aux adjectifs qui se terminent par *s* ou *x*.	épais → épais peureux → peureux
On ajoute un *x* aux adjectifs qui se terminent par *eau*.	beau → beaux nouveau → nouveaux
On change *al* en *aux*.	normal → normaux original → originaux Mais : banal → banals Avec *final* et *glacial*, on a le choix : final → finals ou finaux glacial → glacials ou glaciaux

❯❯1 Mets les adjectifs au féminin. Consulte la page précédente.

Ex. : un garçon **poli** une fille _____ polie _____

1. un enseignant **intelligent** une enseignante _____

2. un élève **doué** une élève _____

3. un ami **jaloux** une amie _____

4. un frère **capricieux** une sœur _____

5. un mécanicien **compétent** une mécanicienne _____

6. un champion **canadien** une championne _____

7. un grand-père **italien** une grand-mère _____

8. un oncle **haïtien** une tante _____

La formation du féminin et du pluriel des adjectifs

>> **2** Écris le féminin de l'adjectif qui est donné entre parenthèses. Consulte la page 99.

1. (supérieur)   une quantité _____

2. (coloré)   une page _____

3. (léger)   une chanson _____

4. (cruel)   une bête _____

5. (premier)   une _____ sortie

6. (merveilleux)   une _____ surprise

7. (silencieux)   une auto _____

8. (fidèle)   une colombe _____

>> **3** Mets les adjectifs au pluriel. Consulte la page 100.

Ex.: (timide)   des comédiens ____*timides*____

1. (fragile)   des vases _____

2. (dangereux)   des jeux _____

3. (fou)   des rêves _____

4. (bleu)   des cieux _____

5. (beau)   des _____ nuages

6. (bizarre)   des goûts _____

7. (curieux)   des gens _____

8. (normal)   des résultats _____

9. (nouveau)   des _____ décors

10. (spécial)   des prix _____

Le groupe du nom

◎ Un **nom**, seul ou avec d'autres mots, forme un **groupe du nom**.

    GN   GN
Gustavo aime les voyages.
    N   dét.   N

Les lettres « GN » veulent dire « groupe du nom ».

◎ Le **nom** est le **noyau** du groupe du nom : cela veut dire que c'est le mot le plus important du groupe.

◎ Un groupe du nom peut être construit de différentes façons. Par exemple, il peut comprendre :

- un nom seul :

    GN   GN
Sabin sera musicien.
   N   N

- un déterminant et un nom :

             GN
Il a déjà quelques instruments.
       dét.   N

- un déterminant, un adjectif et un nom :

         GN
Il a reçu des vieux violons.
      dét. adj. N

- un déterminant, un nom et un adjectif :

        GN
Ces pièces antiques le ravissent.
  dét. N   adj.

 1 Lis le texte suivant. Écris « dét. » sous les déterminants et « N » sous les noms. Souligne ensuite les groupes du nom (GN).

Ex. : On a parfois des distractions.
                 dét.   N

Pour vérifier si un mot est bien un déterminant, consulte le tableau de la page 91.

1. Une élève arrive à l'école.

   _____

2. Elle enlève son manteau et se dirige vers sa classe.

   _____

(L'activité se poursuit à la page suivante.)

Le groupe du nom

3. Dans le couloir, des élèves rient.

   _____

4. Une enseignante fronce les sourcils.

   _____

5. Une surveillante lui dit gentiment : « Regarde tes vêtements ! »

   _____

6. L'élève baisse les yeux : elle a encore son pyjama !

   _____

2

a) Lis le texte et souligne les groupes du nom.

b) Classe les mots qui composent chaque groupe du nom dans le tableau.

On te donne trois exemples. Il t'en reste 14 à trouver.

Groupe du nom	
Dét.	**Noms**
	Pascal
la	campagne
une	ferme

Ex. : Pascal vit à la campagne, dans une ferme.

❶　Pour son anniversaire, il voulait un animal.

❷　Il a reçu un lapin.

❸　Il lui donne des betteraves, des carottes et du foin.

❹　Chaque jour, il nettoie sa cage.

❺　Un matin, la cage est vide.

❻　Notre ami cherche partout son lapin.

❼　Il le trouve enfin parmi les poules, bien blotti sous leurs ailes.

3 Dans les phrases suivantes, des groupes du nom sont en caractères gras. Indique leur construction au-dessus de chacun, à l'aide de ce code :

| 1 = N | 2 = dét. + N | 3 = dét. + adj. + N | 4 = dét. + N + adj. |

                4

Ex. : **Le moineau domestique**

Le moineau domestique aime vivre près des humains.

1. Vois-tu **le petit oiseau** sur **les fils électriques** ?

2. C'est **un moineau domestique**.

3. **Les moineaux** ne sont pas **des oiseaux peureux**.

4. Ils aiment vivre près **des humains**, même dans **les grandes villes**.

5. **Cet oiseau familier** a **des longues griffes**.

6. C'est grâce à **ces griffes pointues** qu'il peut se tenir sur **une étroite branche**.

7. Pour se nourrir, il trouve **des insectes** dans **les arbres** ou **des graines** dans **les champs**.

8. Régulièrement, il creuse **un petit trou** dans **un endroit poussiéreux**.

9. Puis il s'agite dans **ce trou**, en battant **des ailes** avec **vigueur**.

10. Ce bain de poussière lui permet de se débarrasser **des insectes** et des parasites*.

    ✲ **parasite** : un être vivant qui vit aux dépens d'un autre

4 Sur une feuille, illustre le texte « Le moineau domestique ». Sous ton illustration, rédige une phrase. Souligne les groupes du nom de ta phrase.

5 Souligne les groupes du nom.
Écris « dét. » sous les déterminants,
« N » sous les noms et « adj. » sous
les adjectifs.

Tu hésites au sujet d'un déterminant ? Vérifie dans le tableau des déterminants, page 91.

La tortue

Ex. : Les tortues ont des carapaces différentes, selon leur espèce.
dét. N   dét.   N   adj.   dét. N

1. On peut classer les tortues selon trois grandes catégories :

   _____

   les tortues terrestres, les tortues marines, les tortues qui vivent

   _____

   dans l'eau douce.

   _____

2. La carapace de la tortue est son armure protectrice.

   _____

3. La tortue a une bonne ouïe.

   _____

4. Elle a une excellente vue et elle distingue les couleurs.

   _____

5. La femelle pond ses œufs dans le sable, puis elle les recouvre.

   _____

6. À leur naissance, les tortues savent déjà se débrouiller.

   _____

7. Savais-tu que les tortues existaient à l'époque des dinosaures ?

   _____

8. Les dinosaures ont disparu, mais pas les tortues !

   _____

Les accords dans le groupe du nom

◎ Dans un groupe du nom, **le déterminant et l'adjectif ont le même genre et le même nombre que le nom.**

m. = masculin
f. = féminin
s. = singulier
pl. = pluriel

m. s.

un cinéma accueillant

m. pl.

des films étranges

f. s.

une amie passionnée

f. pl.

plusieurs histoires captivantes

◎ Voici une procédure pour vérifier tes **accords dans un groupe du nom.**

Démarche	Exemple
1. Repère le nom, mets un point au-dessus.	f. pl. des personnes émues
2. Inscris le genre (masculin ou féminin) et le nombre (singulier ou pluriel) du nom.	**Le genre :** *un…* = masculin ; *une…* = féminin. Si tu hésites, consulte un dictionnaire. **Le nombre :** demande-toi s'il y a *plus d'un…* ou *plus d'une…* Si oui, le nom est au pluriel. **Des déterminants, comme *les*, *des*, *plusieurs*, indiquent que le nom doit être écrit au pluriel.**
3. Vérifie si le nom est bien écrit. Par exemple, si le nom est au pluriel, vérifie s'il porte la marque du pluriel : en général, la lettre *s*.	f. pl. des personnes émues
4. Relie le nom par une flèche au déterminant et à l'adjectif, s'il y en a un.	f. pl. des personnes émues
5. Vérifie si le déterminant et l'adjectif sont du même genre et du même nombre que le nom. Corrige-les, s'il y a lieu.	f. pl. des personnes émues

Les accords dans le groupe du nom

»1 Ajoute l'adjectif au groupe du nom et accorde-le.

Pour justifier ta réponse, précise le genre et le nombre du nom,
puis trace des flèches qui vont du nom au déterminant et à l'adjectif.

f. pl.

Ex.: (ravi)　　　　　des spectatrices _____ _ravies_ _____

_____

1. (intéressant)　des loisirs _____

_____

2. (passionnant)　des spectacles _____

_____

3. (réussi)　　　　une soirée _____

_____

4. (acclamé)　　　des vedettes _____

_____

5. (charmant)　　une comédienne _____

_____

6. (talentueux)　plusieurs actrices _____

»2 Mets les groupes du nom suivants au pluriel.

Groupes du nom au singulier　**Groupes du nom au pluriel**

Ex.: une sortie ennuyeuse　　　_des sorties ennuyeuses_ _____

1. un film divertissant　　　　_____

2. une activité parascolaire　_____

3. une comédie plaisante　　_____

4. un travail collectif　　　　_____

5. une pièce musicale　　　　_____

6. un exercice reposant　　　_____

3 Dans les phrases suivantes, certains groupes du nom sont
en caractères gras.

Montre que l'accord à l'intérieur de ces GN est correct en procédant
de la façon suivante :

- mets un point au-dessus du nom ;
- écris le genre et le nombre du nom ;
- trace une flèche qui relie le nom au déterminant et à l'adjectif.

L'enfance de Charlie Chaplin

Charlie Chaplin, enfant.

_____ m. s.

Ex.: Connais-tu **le grand acteur** Charlie Chaplin ?

1. Charlie Chaplin est né en 1889, à Londres,

   _____

   en Angleterre, dans **un quartier pauvre**.

   _____

2. Enfant, il faisait **des petits travaux** pour réussir à manger.

   _____   _____   _____

3. Il a vendu **des fleurs**, il a fabriqué **des jouets**, il a livré **des paquets**

   _____

   et **des messages**.

   _____   _____

4. Il ne recevait que **quelques sous** pour **des longues heures** de travail.

   _____   _____

5. À l'âge de **quatorze ans**, il décroche **des petits rôles** dans

   _____

   des spectacles ordinaires.

   _____

6. Il se fait remarquer rapidement à cause de **son physique spécial** et

   _____

   de **ses mimiques expressives**.

4 Les groupes du nom en gras comportent des erreurs. Pourras-tu les trouver et les corriger ? Relève le défi !

• Corrige d'abord le nom, s'il y a lieu. Par exemple, s'il doit être au pluriel, vérifie s'il porte bien la marque du pluriel, en général un *s*.

• Corrige ensuite le déterminant et l'adjectif, s'il y a lieu.

Laisse des traces de ta démarche.

La naissance de Charlot

_____ m. pl. ___s___ _____s

Ex.: **Des producteur/américain**/ont fait venir Charlie Chaplin dans leurs studios de cinéma.

1. À **cet époque**, on était encore aux débuts

   _____

   du cinéma. On produisait des **film muet**.

2. Un jour, il sort de sa loge, déguisé en vagabond*.

Le personnage créé par Charlie Chaplin a été nommé « Charlot » dans les pays francophones.

   Il a mis un pantalon trop grand pour lui,

   _____

   une veste trop petit, un chapeau rond trop

   _____

   étroit, **des chaussures trop longue**.

   _____   _____

3. Il porte **une petite moustache noir**. Il a **les yeux maquillé**

   d'un noir profond.

   _____

4. Son allure et sa démarche de canard font rire **tout les artiste**

   _____

   et **tout les employé du studio**. Le personnage de Charlot est né.

✱ **vagabond** : quelqu'un qui n'a pas de domicile ni de travail

© **ERPI** Reproduction interdite

5 Repère les groupes du nom et souligne-les. Corrige les erreurs, s'il y a lieu.

Laisse des traces de ta démarche, comme dans l'exemple.

Il y a 13 groupes du nom à souligner et 15 erreurs à corriger.

Ne tiens pas compte des noms propres.

Une célébrité mondiale

_____ m. pl. s

Ex.: Charlot fait rire et pleurer les spectateur/

_____ m. s. _____

du monde entier.

_____

1. Peu à peu, grâce à ses nombreux succès, Charlie Chaplin conçoit

_____

et produit lui-même des film.

_____

2. Il imagine des histoires complexe, avec des personnage intéressant.

_____

3. Ses production attirent des foule immense.

_____

4. Devenu un homme riche, Charlie Chaplin n'a jamais oublié

_____

ses origine modeste*. Il se souvient de sa petit enfance.

_____

5. Ses film parlent souvent des pauvre vagabond et

_____

des chômeur malheureux.

_____

6. Charlie Chaplin est mort en 1977, en Suisse, entouré de

_____

tout ses enfants.

✱ **origine modeste:** un milieu humble, pas riche

Le verbe

Le verbe conjugué

◎ Un **verbe** est un mot qui **se conjugue** ; cela veut dire qu'il change de forme selon la **personne** et selon le **temps** auxquels il est employé.

◎ Le verbe change selon **la personne**.

1re personne du singulier	2e personne du singulier	3e personne du singulier
je chante	tu chantes	il, elle, on chante Marie chante

1re personne du pluriel	2e personne du pluriel	3e personne du pluriel
nous chantons	vous chantez	ils, elles chantent les enfants chantent

◎ Le verbe change selon **le temps**.

Il y a des temps qui expriment :

le passé	le présent	l'avenir
Hier, j'ai chanté. Autrefois, je chantais.	En ce moment, je chante.	Bientôt, je chanterai. Demain, je vais chanter.

◎ Pour savoir si, dans une phrase, un mot est un **verbe conjugué**, on peut utiliser un des deux moyens suivants.

• Si le mot peut être employé à une autre personne dans la même phrase, c'est un verbe conjugué.

   Martine lance le ballon. Le mot « lance » est-il un verbe ?

On peut dire : Tu lances le ballon. Le mot « lance » est donc un verbe conjugué dans cette phrase.

• Si on peut mettre le mot entre *ne* et *pas* dans la phrase, c'est un verbe conjugué.

On peut dire : Martine ne lance pas le ballon. Le mot « lance » est donc un verbe conjugué dans cette phrase.

Le verbe conjugué

 1 Dans chaque phrase :

a) souligne le verbe conjugué ;

b) pour prouver que le mot est bien un verbe conjugué, récris la phrase en changeant la personne.

Tu peux choisir une des six personnes : je, tu, il (ou elle), nous, vous, ils (ou elles).

Ex.: Une partie de base-ball <u>compte</u> neuf manches.

Nous comptons neuf manches.

1. Le receveur attrape la balle.

_____

2. Ce joueur rapide court d'un but à l'autre.

_____

3. Mon joueur préféré marque des points à chaque match.

_____

 2 Dans chaque phrase :

a) souligne le verbe conjugué ;

b) pour prouver que ce mot est bien un verbe conjugué, récris la phrase en mettant le mot entre ***ne*** et ***pas***.

Ex.: Le soccer <u>passionne</u> les jeunes de nombreux pays.

Le soccer ne passionne pas les jeunes de nombreux pays.

1. Ce sport règne depuis longtemps en Europe et en Amérique du Sud.

_____

_____

2. Il rallie un nombre de plus en plus grand d'adeptes en Amérique du Nord.

_____

_____

3. Manuelo fait partie d'un club local.

_____

Le verbe à l'infinitif

◎ En grammaire, on désigne les verbes par leur **infinitif**.

Je ris, tu ris, il rit = verbe r**ire**

↓

INFINITIF

L'infinitif, c'est la forme du verbe lorsqu'il n'est pas conjugué.

C'est sous cette forme qu'on trouve un verbe dans un dictionnaire.

◎ Voici un truc pour **trouver l'infinitif** d'un verbe conjugué :
dans ta tête, modifie ce verbe en disant « Il faut »…

Lionel a fini ses travaux. Quel est l'infinitif de « a fini » ?

Il faut… fin**ir**. « Finir » est l'infinitif.

◎ Les verbes employés à l'infinitif se terminent
par **er**, **ir**, **oir** ou **re**. Jamais par **é** !

aim**er**   fin**ir**   v**oir**   prend**re**

 1 Écris l'infinitif des verbes soulignés.

_____préférer_____

Ex.: Parmi tous les sports d'équipe, Étienne <u>préfère</u> le hockey.

_____

1. Tous les samedis, Étienne <u>apporte</u> son équipement de hockey à l'aréna.

_____   _____

2. Il <u>écoute</u> les instructions de son entraîneur, puis <u>répète</u> plusieurs lancers

de la rondelle avec son bâton.

_____   _____

3. Quand la partie <u>commence</u>, il <u>est</u> fébrile.

_____

4. Il <u>aimerait</u> bien marquer un but !

_____

5. Le hockey <u>exige</u> de l'adresse, de la vitesse

et de l'équilibre.

6. Il y a plusieurs siècles, les Amérindiens

_____

<u>jouaient</u> à un jeu semblable, mais avec une balle.

2 Souligne d'un trait les verbes conjugués
et de deux traits les verbes à l'infinitif.
(Les verbes sont en caractères gras.)

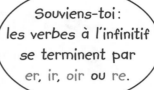

Souviens-toi :
les verbes à l'infinitif
se terminent par
er, ir, oir **ou** re.

Ex. : Pour <u>renforcer</u> son dos, Marie-Ève <u>choisit</u>
la natation comme sport principal.

1. La natation **permet** de **développer** harmonieusement
son corps.

2. Elle **augmente** aussi la puissance des poumons.

3. Les jeunes asthmatiques **ont** raison de **pratiquer** ce sport.

4. Au début de chaque séance, Marie-Ève **doit faire**
des échauffements.

5. Bientôt, elle **va maîtriser** les trois techniques de base : le crawl, la brasse
et le dos crawlé.

6. Un jour, elle **pourra participer** aux compétitions de sa région.

3 Trouve six verbes à l'infinitif dans
un dictionnaire. Écris-les ici en
les classant selon leur terminaison.

Dans un dictionnaire,
un verbe est suivi de
l'abréviation « v. ».

Verbes en -*er*	Verbes en -*ir*	Verbes en -*oir*	Verbes en -*re*
_____	_____	_____	_____
_____	_____	_____	_____
_____	_____	_____	_____

L'accord du verbe (1)

◎ **Le verbe s'accorde avec le sujet** : il prend la personne (1ʳᵉ, 2ᵉ ou 3ᵉ) et le nombre (singulier ou pluriel) du sujet.

2ᵉ pers. s.

Tu préfère**s** les échecs.

3ᵉ pers. s.

Marie choisi**t** les dames.

2ᵉ pers. pl.

Vous pren**ez** le jeu des sept familles.

◎ Pour trouver le **sujet**, pose la question « Qui est-ce qui… » devant le verbe conjugué. Réponds en utilisant « C'est… qui ». La réponse donne le sujet (ou groupe sujet).

- Exemple 1

  Julie prépare le jeu. *Qui est-ce qui* prépare le jeu ? *C'est* Julie *qui* prépare le jeu. « Julie » est le sujet. C'est un **groupe du nom**.

- Exemple 2

  Nous avons choisi les dominos. *Qui est-ce qui* a choisi les dominos ? *C'est* nous *qui* avons choisi les dominos. « Nous » est le sujet. C'est un **pronom**.

◎ En général, **le sujet est un groupe du nom ou un pronom**, comme dans les exemples 1 et 2 ci-dessus.

> Remarque ceci : les mots « nom » et « pronom » désignent des classes de mots. Le mot « sujet », lui, désigne la fonction occupée par le mot.

◎ **Quand le sujet est un groupe du nom,** le verbe se met à la **troisième personne**

    du singulier si le GN est au singulier ;

    du pluriel si le GN est au pluriel.

Valérie est une joueuse d'échecs imbattable.

On peut dire : **Elle** est une joueuse d'échecs imbattable.

Ses frères préfèrent le jacquet.

On peut dire : **Ils** préfèrent le jacquet.

Un GN sujet est toujours de la 3ᵉ personne puisqu'on peut le remplacer par un pronom de la 3ᵉ personne : *il*, *ils*, *elle* ou *elles*.

◎ **Quand le sujet est un pronom**, le verbe se met à la même personne et au même nombre que ce pronom.

Voici des pronoms fréquemment utilisés.

Devant une voyelle ou un h muet, on utilise j' au lieu de je : j'aime, j'hésite.

	Des pronoms au singulier	Des pronoms au pluriel
1re personne	je (j')	nous
2e personne	tu	vous
3e personne	il, elle, on, ça, cela	ils, elles

1re pers. s.

Je suis un champion aux échecs.

>> **1** Dans chaque phrase :

    a) écris **V** sous le verbe conjugué ;

    b) trouve le sujet en posant la question « Qui est-ce qui… ? » (ou « Qu'est-ce qui… ? ») devant le verbe, puis mets ce sujet entre crochets ;

    c) écris « C'est… qui » de part et d'autre du sujet, comme dans l'exemple.

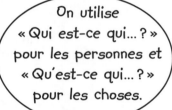

On utilise « Qui est-ce qui… ? » pour les personnes et « Qu'est-ce qui… ? » pour les choses.

C'est_____qui_____

Ex : [Vous] voulez jouer au jeu des sept familles.
           V

_____

1. Nous garantissons des heures de plaisir.

_____

2. Ce jeu compte 42 cartes : sept familles de six cartes chacune.

_____

3. Chaque joueur reçoit sept cartes.

_____

4. Maryse aime bien la famille « Catastrophe ».

_____

5. Jérémie et Fred préfèrent la famille « Rigolote ».

L'accord du verbe (1)

2 Dans chaque phrase, le verbe conjugué est souligné.

a) Mets le sujet entre crochets.

b) Au-dessus du GN sujet, écris le pronom personnel correspondant (*il, elle, ils* ou *elles*), sa personne et son nombre.

Tu choisis *il* ou *ils* si le GN est masculin ; *elle* ou *elles* si le GN est féminin.

Utilise les abréviations :
1re, 2e, 3e pers. = personne
s. = singulier
pl. = pluriel

Les échecs : art et science

 Il   3e pers. s.
Ex.: [Le jeu] exige concentration, logique et imagination.

1. Le jeu apparaît en Inde, il y a environ 1400 ans.

2. Ce divertissement nécessitait quatre adversaires, un dé et un échiquier.

3. Au cours des siècles, ce passe-temps évolue.

4. Avec les échecs modernes, deux joueurs disputent une partie.

5. Chaque joueur a 16 pièces :

huit figures et huit pions.

6. Les figures sont : deux tours, deux

cavaliers, deux fous, la dame et le roi.

7. Le but du jeu est de piéger le roi adverse et de le capturer.

3 Souligne chaque verbe conjugué et mets le sujet entre crochets.

Une soirée en famille

Ex.: Ce soir, [nous] <u>apprenons</u> à jouer au jacquet.

Les pronoms je, tu, il, on ou ils sont toujours sujets.

❶ Selon mon père, on regarde trop la télévision.
Alors, il installe le plateau de jeu, les deux dés
et les 30 pions.

❷   Nous prenons place autour de la table. Ma petite sœur
aimerait mieux aller jouer dehors. Ce soir, elle a le goût de
bouger ! Je suis très intrigué par le jeu. Il date de plusieurs
siècles.

❸   Le plateau de jeu est attrayant. On dispose les pions dans
des flèches plutôt que dans des cases. Ils doivent faire le tour
du plateau, dans le sens contraire des aiguilles d'une montre.

❹   Tout à coup, notre chat Moustachu saute brusquement sur
la table. Il déplace toutes les pièces. Nous sommes un peu
impatientés. Puis le téléphone sonne. Peu après, des gens
cognent à la porte. Ils veulent parler à mes parents. Ciel !
On ne pourra jamais jouer ! Nous décidons de tout arrêter.
On recommencera une autre fois !

Le radical et la terminaison des verbes

◎ Un verbe comporte un **radical** et une **terminaison**.

- Le **radical** est la partie du verbe qui exprime le sens du verbe. Il ne change habituellement pas.

  j'**aim**e   nous **aim**ons   j'**aim**ais   nous **aim**ions   j'**aim**erai

- La **terminaison** du verbe est la partie qui varie selon la personne et le temps.

  j'aim**e**   nous aim**ons**   j'aim**ais**   nous aim**ions**   j'aim**erai**

◎ Les verbes en *-er* (sauf le verbe *aller*) se conjuguent tous de la même façon. Leur radical ne change jamais. Leur modèle est le verbe *aimer*.

aimer :	j'aime	nous aimons
chanter :	je chante	nous chantons
parler :	je parle	nous parlons

◎ Les verbes en *-ir* qui font *issons* au présent, à la 1re personne du pluriel, se conjuguent tous de la même façon. Leur modèle est le verbe *finir* (*nous finissons*).

finir :	je finis	nous finissons
choisir :	je choisis	nous choisissons
punir :	je punis	nous punissons

Tu trouveras les conjugaisons des verbes avoir, être, aller et faire aux pages 162 et 163.

◎ Les autres verbes (comme *aller*, *avoir*, *dire*, *être*, *faire*, *pouvoir*, *prendre,* etc.) ont chacun leur conjugaison.

Les verbes peuvent être conjugués à différents **temps**,
par exemple :   à l'indicatif présent,
                  à l'imparfait,
                  au passé composé,
                  au futur simple
                  et au conditionnel présent.

Dans les prochaines sections, tu apprendras surtout à conjuguer les verbes en *-er* et en *-ir* (comme *finir*) à ces différents temps.

L'indicatif présent

◎ **L'indicatif présent** est un temps du verbe. Il indique que l'action ou le fait dont on parle est en train de se passer.

> Aujourd'hui, je rigole de bon cœur.
> En ce moment, tu éclates de rire.
> Maintenant, vous riez avec nous.
> Présentement, je suis heureuse.

◎ L'indicatif présent sert aussi à exprimer ce qui est toujours vrai ou ce qui est habituel.

> La Terre tourne autour du Soleil.
> Chaque automne, les feuilles tombent.
> Je me lève chaque jour à sept heures.

◎ **Les terminaisons de l'indicatif présent**

Sujet	Verbes en *-er* comme *aimer* (sauf *aller*)	La plupart des autres verbes	Quelques exceptions
je	**e** j'aim**e**	**s** je fini**s** je vai**s**	**x** **ai** je veu**x** j'**ai** je peu**x**
tu	**es** tu aim**es**	**s** tu fini**s**	**x** tu veu**x** tu peu**x**
il, elle, on, ça, cela, GN au singulier	**e** il aim**e**	**t** il fini**t**	**a** il **a** elle v**a**
nous	**ons** nous aim**ons** nous finiss**ons**		nous **sommes**
vous	**ez** vous aim**ez** vous finiss**ez**		vous ê**tes** vous fai**tes** vous di**tes**
ils, elles, GN au pluriel	**ent** elles aim**ent** elles finiss**ent**		ils **ont** elles **font** elles **sont** ils **vont**

> *Quelques verbes en –dre, comme «prendre», finissent par d à la 3ᵉ personne : on prend. Tu les verras l'an prochain.*

L'indicatif présent

 1 Conjugue les verbes à l'indicatif présent. Surligne les terminaisons avec un marqueur de couleur.

Marcher	Grandir
je	je
tu	tu
il	elle
nous	nous
vous	vous
ils	elles

2 **a)** Écris le verbe indiqué à l'indicatif présent.

b) Surligne la terminaison de chaque verbe.

c) Trace une flèche qui va du sujet à la terminaison du verbe.

> Consulte le tableau des terminaisons à la page précédente.

Ex.: Je _____ dessine _____ mon portrait.
(dessiner)

Je _____ un gai luron. En général, je _____
(être)   (faire)

rire les autres. J'_____ toujours un tour dans mon sac.
(avoir)

J'_____ ma petite sœur quand je _____
(amuser)   (grimacer)

comme un clown. Je _____ parfois mes copains, mais
(taquiner)

ce n'est pas méchant. Bref, je _____
(communiquer)

ma bonne humeur à qui le veut bien.

L'imparfait

◎ L'**imparfait** est un temps du verbe. Il indique que l'action ou le fait dont on parle a eu lieu dans le passé. Cette action a duré un certain temps.

Autrefois, tu appréciais mes histoires.

Hier, vous écoutiez attentivement.

Il y a longtemps, mes grands-parents vivaient au Pakistan.

◎ Les terminaisons de l'imparfait

Sujet	Tous les verbes	
je	**ais**	j'aim**ais** je finiss**ais**
tu	**ais**	tu aim**ais** tu finiss**ais**
il, elle, on, ça, cela, GN au singulier	**ait**	il aim**ait** elle finiss**ait**
nous	**ions**	nous aim**ions** nous finiss**ions**
vous	**iez**	vous aim**iez** vous finiss**iez**
ils, elles, GN au pluriel	**aient**	ils aim**aient** elles finiss**aient**

 1 Conjugue les verbes à l'imparfait. Surligne les terminaisons.

Penser	Bâtir
je	je
tu	tu
elle	il
nous	nous
vous	vous
elles	ils

2 **a)** Écris le verbe indiqué à l'imparfait.

Ex.: Nous _____*étions*_____ à la campagne.
(être)

Nous _____ un air chargé de bonnes odeurs.
(respirer)

Le vent _____ dans les arbres.
(murmurer)

Les vagues _____ sur la plage.
(clapoter)

Je _____ des tunnels dans le sable.
(creuser)

Tu _____ de l'eau dans un seau.
(apporter)

Vous _____ de vos projets.
(parler)

C' _____ une journée magnifique.
(être)

b) Vérifie si tu as écrit correctement les verbes à l'aide de la démarche suivante.

1. Mets le sujet entre crochets et écris au-dessus sa personne et son nombre.

2. Surligne la terminaison du verbe et trace une flèche qui va du sujet à cette terminaison.

   Ire pers. pl.

   Ex.: [Nous] _____*étions*_____ à la campagne.
   (être)

3. Compare la terminaison que tu as mise avec celles du tableau de l'imparfait, à la page précédente.

4. Si tu as fait une erreur, corrige-la.

Le passé composé

◎ Le **passé composé** est un temps du verbe. Il exprime une action ou un fait du passé, qui s'est terminé peu après.

> Ce matin, Sophie a déjeuné trop vite.
> Hier, nous avons choisi la salade.
> À midi, Tom est allé à la cantine.

◎ Le **passé composé** est formé de deux mots :

un **auxiliaire au présent** (*avoir* ou *être*) et le **participe passé** du verbe.

AUXILIAIRE	PARTICIPE PASSÉ	
↓	↓	
a	déjeuné	(verbe *déjeuner*)
avons	choisi	(verbe *choisir*)
est	allé	(verbe *aller*)

◎ Quand le verbe *avoir* ou le verbe *être* est utilisé pour former un temps composé, on dit que ce verbe est un **auxiliaire**.

◎ L'auxiliaire s'accorde avec le sujet : **il prend la personne et le nombre du sujet.** (Tu verras le cas du participe passé au cours d'une autre année.)

◎ La majorité des verbes se conjuguent avec l'auxiliaire *avoir*.

Quelques verbes, comme *aller* et *venir*, se conjuguent avec l'auxiliaire *être* :

> *je suis allé, tu es allé ; je suis venu, tu es venu*, etc.

> On ne dit pas : j'ai allé, j'ai venu !

≫ **1** Conjugue les verbes au passé composé.

Goûter	Choisir
j' *ai goûté*	j' *ai choisi*
tu	tu
il	elle
nous	nous
vous	vous
ils	elles

Le participe passé des verbes en -er se termine par é; le participe passé des verbes en -ir, qui font -issons comme « finir », se termine par i.

Le passé composé

2 **a)** Écris le verbe indiqué au passé composé.

b) Vérifie si tu as bien accordé l'auxiliaire en laissant des traces de ta démarche.

1. Entoure l'auxiliaire.

2. Écris au-dessus du sujet sa personne et son nombre.

3. Trace une flèche qui va du sujet à l'auxiliaire.

3e pers. s.

Ex. : Il _____ (a) préparé _____ son lunch tous les jours.
(préparer)

Hier, Alexandre _____ à l'épicerie.
(aller)

Il _____ longuement devant les fruits. Finalement,
(hésiter)

il _____ des prunes et des raisins pour ses
(choisir)

collations. Mais ce matin, il _____ son lunch.
(oublier)

Il _____ de dépit. Ses amis _____
(crier)   (essayer)

de l'aider. Heureusement, son père lui _____
(apporter)

son lunch.

Le verbe « aller » se conjugue avec « être » : je *suis* allé.

Le futur simple

◎ Le **futur simple** est un temps du verbe. Il exprime une action
ou un fait à venir.

Tantôt, tu regarderas un film.   Demain, nous écouterons ces musiciens.
Bientôt, il sera un artiste célèbre.   La semaine prochaine, nous irons au concert.

◎ **Les terminaisons du futur simple**

Sujet	Verbes en *-er* comme *aimer* (sauf *aller* et *envoyer*)	La plupart des autres verbes
je	**erai** j'aim**erai**	**rai** je fini**rai**
tu	**eras** tu aim**eras**	**ras** tu fini**ras**
il, elle, on, ça, cela, GN au singulier	**era** elle aim**era**	**ra** elle fini**ra**
nous	**erons** nous aim**erons**	**rons** nous fini**rons**
vous	**erez** vous aim**erez**	**rez** vous fini**rez**
ils, elles, GN au pluriel	**eront** ils aim**eront**	**ront** elles fini**ront**

◎ Au futur, il ne faut pas oublier de mettre le *e* dans les verbes en *-er*,
même si on ne l'entend pas à l'oral : *je crierai, j'étudierai, je travaillerai,* etc.

1 Conjugue les verbes au futur simple. Surligne les terminaisons.

Jouer	Réussir
je	je
tu	tu
il	elle
nous	nous
vous	vous
ils	elles

2 **a)** Écris le verbe indiqué au futur simple.

b) Lorsqu'il s'agit d'un verbe qui se termine par *-er* à l'infinitif, entoure le **e** qui est au début de la terminaison.

Ex. : Nous _____jou⟨e⟩rons_____ une comédie.
(jouer)

Ce _____ fête demain. Je me _____
(être) (déguiser)

en fée. Tu _____ mon lutin. Évelyne _____
(être) (jouer)

le rôle de la princesse. Paméla _____ les vieux
(porter)

vêtements de sa grand-mère. Wilfred _____ l'habit
(emprunter)

de noces de son grand-père. Nous _____ l'air de
(avoir)

personnages de contes. Nous _____ une saynète.
(présenter)

Tous les élèves _____ à la fête.
(assister)

Nous _____ aussi les parents.
(inviter)

Vous _____ contents
(être)

de nous voir. Enfin, nous l'espérons !

Le conditionnel présent

◎ Le **conditionnel présent** est un temps du verbe. Il exprime une action ou un fait à venir, mais incertain.

Tu aimerais bien devenir savant.

◎ Le **conditionnel présent** sert aussi à exprimer une action ou un fait qui pourrait se réaliser, mais à une certaine condition.

Si tu étudiais beaucoup, tu pourrais devenir savant.

Attention ! La condition exprimée à l'aide du « si » se met à l'imparfait : *Si tu étudiais…*

◎ Les terminaisons du conditionnel présent

Sujet	Verbes en *-er* comme *aimer* (sauf *aller* et *envoyer*)	La plupart des autres verbes
je	**erais** j'aim**erais**	**rais** je fini**rais**
tu	**erais** tu aim**erais**	**rais** tu fini**rais**
il, elle, on, ça, cela, GN au singulier	**erait** elle aim**erait**	**rait** elle fini**rait**
nous	**erions** nous aim**erions**	**rions** nous fini**rions**
vous	**eriez** vous aim**eriez**	**riez** vous fini**riez**
ils, elles, GN au pluriel	**eraient** ils aim**eraient**	**raient** elles fini**raient**

◎ Avec les verbes en *-er*, il ne faut pas oublier de mettre le *e*, même si on ne l'entend pas à l'oral : *je crierais*, *j'étudierais*, *je travaillerais*, etc.

je crierais

Le conditionnel présent

》》1 Conjugue les verbes au conditionnel présent. Surligne les terminaisons.

Écouter	Agir
j'	j'
tu	tu
elle	il
nous	nous
vous	vous
elles	ils

》》2 Écris le verbe indiqué au conditionnel présent. Laisse des traces de ta démarche en procédant comme dans l'exemple.

Ire pers. s.

Ex. : [J'] _____ aimerais _____ avoir plusieurs animaux familiers.
(aimer)

1. Si mon animal familier était un lion, il _____
(regarder)
des documentaires sur les animaux sauvages avec moi.

2. Si j'avais un crocodile, je _____ ses dents.
(brosser)

3. Maxime _____ avoir une girafe.
(souhaiter)

Il _____ à l'école sur son dos.
(aller)

4. Si nous le pouvions, nous _____ des ratons laveurs
(avoir)

dans la buanderie. Ils _____ tous nos vêtements.
(laver)

Nom : _____ Date : _____

L'accord du verbe (2)

◎ Voici une démarche à suivre pour vérifier l'accord du verbe conjugué.

Démarche	Exemple
1. Écris **V** sous le verbe conjugué.	Des oiseaux migrent à l'automne. V
2. Repère le sujet au moyen de la question « Qui est-ce qui… ? » et désigne-le avec des crochets [ ].	*« Qui est-ce qui migre à l'automne ? »* [Des oiseaux] migrent à l'automne. V
3. Si le sujet est un groupe du nom, mets un point au-dessus du nom.	• [Des oiseaux] migrent à l'automne. V
4. Indique la personne et le nombre du sujet (1ʳᵉ, 2ᵉ ou 3ᵉ, singulier ou pluriel) et trace une flèche de ce sujet au verbe.	3ᵉ pers. pl. [Des oiseaux] migrent à l'automne. V
5. Vérifie si le verbe a la terminaison qui convient : même personne, même nombre que le sujet.	3ᵉ pers. pl. [Des oiseaux] migrent à l'automne. V

 1 **a)** Écris le verbe à l'indicatif présent en l'accordant avec le sujet.
b) Vérifie ensuite tes accords à l'aide de la démarche décrite ci-dessus.

Consulte le tableau des terminaisons de l'indicatif présent, page 120.

3ᵉ pers. s.

Ex. : [Une plante verte] _____produit_____ elle-même sa nourriture.
(produire)

1. Les racines _____ (puiser) dans le sol l'eau et les sels minéraux.

(L'activité se poursuit à la page suivante.)

130 Guillemets 3

© **ERPI** Reproduction interdite

_____

2. Grâce à des canaux très fins, la tige _____
(tirer)
vers le haut l'eau et les sels minéraux des racines.

_____

3. Ces liquides _____ jusqu'aux feuilles. C'est ce
(circuler)
qu'on appelle la « sève ».

_____

4. Les feuilles _____ la nourriture à partir
(fabriquer)
des ingrédients reçus.

_____

5. Pour cela, elles _____ une substance qu'elles
(utiliser)
contiennent, la chlorophylle.

_____

6. Elles _____ aussi besoin du soleil et d'un gaz
(avoir)
qu'il y a dans l'air, le dioxyde de carbone.

_____

7. En même temps qu'elles _____ leur nourriture,
(faire)
elles rejettent dans l'air un autre gaz, l'oxygène.

_____

8. C'est pourquoi on _____ que
(dire)

_____

les plantes vertes _____
(être)

_____

les poumons de la Terre.

2 Forme six phrases en reliant un ovale de gauche à un ovale de droite.

Assure-toi que le verbe et le sujet sont à la même personne et au même nombre.

Ex. : L'orignal mâle	a. sont délicieuses.
1. Tu	b. perd ses bois chaque automne.
2. Les chevreuils mâles	c. commence à l'automne.
3. La chasse	d. n'irons pas nous promener dans le bois.
4. Les perdrix sauvages	e. connais les animaux sauvages.
5. Nous	f. êtes un garde-chasse expérimenté.
6. Vous	g. ont des nouveaux bois chaque été.

3 Souligne le verbe qui est correctement orthographié.
Justifie ta réponse en procédant comme dans l'exemple.

3ᵉ pers. pl.

Ex.: [Toutes les fleurs] ne (dégagent, dégage) pas un parfum prononcé.

_____

1. Certaines fleurs (sente, sentes, sentent) bon.

_____

2. Elles (attire, attirent, attires) les papillons, les abeilles

_____

et d'autres insectes.

_____

3. Les oiseaux ne (possède, possèdent, possèdes) pas un odorat

_____

très développé.

_____

4. Les fleurs parfumées n'(attire, attirent) pas les oiseaux.

_____

5. Ils se (dirige, dirigent, diriges) vers les fleurs aux couleurs vives.

_____

6. Ils (boive, boives, boivent) leur nectar et favorisent ainsi

_____

la reproduction des fleurs.

4 Justifie l'accord des verbes conjugués en procédant comme dans l'exemple.

<u>   3ᵉ pers. pl.   </u>

Ex.: [Les magiciens] captivent les adultes et les enfants.
　　　　　　　　　V

_____

1. Aujourd'hui, nous assistons à un spectacle de magie.

_____

2. Le magicien s'avance.

_____

3. Il salue les spectateurs.

_____

4. Tu trépignes sur ta chaise.

_____

5. Le lapin sort du chapeau.

_____

6. Les foulards apparaissent l'un après l'autre.

_____

7. Hé! Le lapin détale.

_____

8. Il saute sur les genoux d'un spectateur.

_____

9. Il bondit sur toi.

_____

10. Tu pousses un cri.

L'orthographe

L'emploi du dictionnaire

◎ Au haut d'une page de dictionnaire, il y a souvent deux mots. Ce sont des mots repères. Ils indiquent le premier mot et le dernier mot de la page.

Dans certains dictionnaires, il n'y a qu'un mot repère ; il indique alors le premier mot de la page.

◎ Pour trouver rapidement un mot dans un dictionnaire, sers-toi des mots repères.

》》1 **a)** Écris les mots de la colonne de gauche dans l'ordre alphabétique, à droite.

> Quand tu auras terminé, relis tes mots. Sont-ils tous en ordre alphabétique ? Les as-tu transcrits correctement ?

bagage
_____

- boue
- balance
- blanc
- bougie
- bague
- bruit
- bagage
- balançoire
- bonhomme
- bicyclette
- beaucoup
- bizarre

b) Écris ci-dessous les deux mots qui serviraient de mots repères, si cette page était une page de dictionnaire.

_____   _____

≫2 Un magasin publie un catalogue de ses articles. Le directeur a d'abord regroupé les articles selon les pièces d'une maison.

Puis il a changé d'idée : il veut les présenter par ordre alphabétique.

Fais une seule liste de tous les objets en vente, en les mettant par ordre alphabétique.

lits
matelas
oreillers
couvertures
draps
tables de chevet

lampes
sofas
téléviseurs
étagères
tables basses
fauteuils

réfrigérateurs
tables
chaises
cuisinières
casseroles
ustensiles

1. _____   10. _____

2. _____   11. _____

3. _____   12. _____

4. _____   13. _____

5. _____   14. _____

6. _____   15. _____

7. _____   16. _____

8. _____   17. _____

9. _____   18. _____

>> **3** Voici un code secret. Chaque lettre de l'alphabet, en suivant l'ordre de *a* à *z*, est associée à un nombre de 1 à 26.

A	B	C	D	E	F	G	H	I	J	K	L	M
1	2	3	4	5	6	7	8	9	10	11	12	13

N	O	P	Q	R	S	T	U	V	W	X	Y	Z
14	15	16	17	18	19	20	21	22	23	24	25	26

« Salut Tom » s'écrit donc :

19 • 1 • 12 • 21 • 20 ▪ 20 • 15 • 13

> Remarque le point entre deux lettres et le carré entre deux mots.

a) Décode le message suivant.

> 15 • 14 ▪ 19 • 5 ▪ 18 • 5 • 20 • 18 • 15 • 21 • 22 • 5 ▪ 1 • 21 ▪
> 3 • 15 • 9 • 14 ▪ 4 • 5 ▪ 12 • 1 ▪ 18 • 21 • 5
>
> _____
>
> _____

b) Code la phrase suivante.

> Le cadeau est dans le frigo.
>
> _____
>
> _____

4 Choisis un mot clé de cinq lettres, par exemple MAGIE.

Écris-le à la verticale et à l'horizontale dans un carré de 36 cases.

Dispose l'alphabet dans l'ordre, de gauche à droite, sans utiliser la lettre Z.

	M	A	G	I	E
M	A	B	C	D	E
A	F	G	H	I	J
G	K	L	M	N	O
I	P	Q	R	S	T
E	U	V	W	X	Y

Si tu veux partager un code secret avec tes amis, choisis un autre mot clé que « magie ». Il suffit que ce soit un mot de cinq lettres.

Supposons que tu veux coder le mot TRÉSOR.

La lettre T se trouve au croisement de la rangée (horizontale) I et de la colonne (verticale) E. Elle se code donc par IE.

Tu poursuis ainsi pour chaque lettre, en donnant d'abord la lettre de la rangée, puis la lettre de la colonne. Tu sépares chaque lettre codée à l'aide d'un point.

Le mot TRÉSOR se code donc de la façon suivante :

IE • IG • ME • II • GE • IG

Avec ce code, compose un message destiné à un ami ou une amie.

Ton message codé

_____

_____

_____

Le message décodé par ton ami ou amie

_____

_____

_____

La majuscule

◎ On utilise une **lettre majuscule** :

- au début d'une phrase (voir la page 47) ;
- au début d'un nom propre.

◎ Un **nom propre** permet de distinguer une réalité d'une autre réalité semblable. Il permet ainsi de nommer :

- une personne, un personnage, un animal ;
  Paul Tremblay, Tintin et son chien Milou
- un lieu précis ;
  la ville de Laval, le fleuve Saint-Laurent, le Québec
- un édifice ou un établissement ;
  l'école Jonathan, la bibliothèque de Côte-des-Neiges
- une fête.
  la fête des Mères, Halloween

Biffe les lettres minuscules erronées et remplace-les par une lettre majuscule.

Ex. : G
grâce à son tapis volant, caroline a pu faire un saut chez son ami

samuel. ils ont pris avec eux le chat chamou, puis se sont envolés dans

les airs. heureusement, personne ne les a vus. ils ont survolé le fleuve

saint-laurent et se sont rendus jusqu'au joli village de lustucru. samuel avait

entendu dire que l'école ribouledingue avait un vieil ouvrage contenant des

formules magiques. lui et caroline ont demandé la permission de consulter

le vieux livre. madame lurelu, la bibliothécaire, leur a remis le volume avec

mille précautions. hélas, les formules concernant les tapis magiques étaient

effacées. quelle tristesse ! nos deux amis rentrèrent chez eux bien tristes.

c'était leur dernier voyage en tapis volant. le mode d'emploi spécifiait

bien que le tapis ne valait que pour deux voyages.

Les accents et le tréma

◎ En français, il y a **trois accents** : l'accent aigu $\boxed{\prime}$, l'accent grave $\boxed{\grave{}}$ et l'accent circonflexe $\boxed{\wedge}$. Ils s'utilisent sur les voyelles seulement.

◎ L'**accent aigu** ne s'emploie que sur la lettre *e*. Il donne le son [é].

M<u>é</u>lanie déguste de la r<u>é</u>glisse dans le m<u>é</u>tro.

◎ L'**accent grave** et l'**accent circonflexe** sur la lettre *e* donnent le son qu'on entend dans « père » et « pêche ». C'est le même son.

Ma m<u>è</u>re a m<u>ê</u>lé tous mes v<u>ê</u>tements.

◎ Les accents servent parfois à distinguer des mots.

Elle **a** une auto.
a : verbe « avoir »

Elle va **à** Trois-Rivières.
à : mot invariable

La vieille auto ne démarre pas.
la : déterminant, accompagne un nom

Elle n'ira pas **là**.
là : mot invariable qui indique le lieu

J'irai à Val-d'Or **ou** à Matane.
ou : mot invariable qui indique un choix

Et vous, **où** allez-vous ?
où : mot invariable qui indique le lieu

◎ Le **tréma** (*ë, ï*) permet de prononcer séparément deux voyelles qui se suivent.

À No<u>ë</u>l, No<u>ë</u>lla s'est cassé la jambe. A<u>ï</u>e ! Ça fait mal !
Jo<u>ë</u>l aime le ma<u>ï</u>s, mais il n'en mange pas souvent.

---

1 Dans les phrases suivantes, certains mots devraient avoir un tréma. Ajoute-le aux bons endroits.

1. Hélas, mon cousin Noel est égoiste.

2. Joelle n'a pas voulu manger du mais.

3. Nous avons réalisé une jolie mosaique.

4. La grand-mère de Johanna est haitienne. Elle vit dans un pays qui s'appelle Haiti.

Les accents et le tréma

2 a) Classe les mots suivants dans le tableau.

- âge
- bâton
- célèbre
- château
- déjà
- derrière
- directeur
- élève
- espoir
- examen
- fantôme
- fête
- gâteau
- là
- mère
- mètre
- nièce
- pâte
- près
- règle
- restaurant
- spectateur
- voilà
- voyage

Mots avec accent aigu et accent grave	Mots avec accent grave seulement	Mots avec accent circonflexe seulement	Mots sans accent
_____	_____	_____	_____
_____	_____	_____	_____
_____	_____	_____	_____
_____	_____	_____	_____
_____	_____	_____	_____
_____	_____	_____	_____
_____	_____	_____	_____

b) Vérifie si tu as transcrit les mots correctement.

3 Complète les phrases à l'aide des dessins.

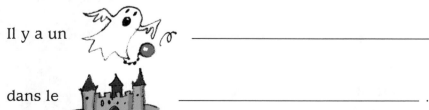

Il y a un _____

dans le _____ .

Il a apporté un _____ de fête.

Le son [s]

◎ Il y a plusieurs façons d'écrire le son [s]. En voici quelques-unes.

- La lettre **s** doublée, entre deux voyelles.

    une ble**ss**ure   un pamplemou**ss**e   un de**ss**in

- La lettre **s**, en début de mot de même qu'avant ou après une consonne.

    un **s**irop   un e**s**calier   une pen**s**ée

- La lettre **c**, devant les voyelles **e**, **i** et **y**.

    une pu**c**e   un **c**itron   un **c**ygne

- La lettre **ç**, devant les voyelles **a**, **o** et **u**.

    une fa**ç**ade   une le**ç**on   un re**ç**u

On appelle la lettre **ç** un « c cédille ».
La cédille est le petit signe qui se place sous le **c** pour en faire un **c** doux.

On met les sons entre crochets afin de les distinguer des lettres.

Attention !

Un **s** entre deux voyelles donne le son [z], comme dans « chemise ».
Un **c** devant **a**, **o** et **u** donne le son [k], comme dans « courage ».

▶▶ 1 **a)** Mets les huit cédilles manquantes aux bons endroits.

1. Ce caméléon est agacant.
2. Le cinéma agace Carmen.
3. La facade de l'école a été refaite par un macon.
4. J'ai recu un cadeau.
5. Ce garcon est un excellent lanceur, mais il a décu les spectateurs.
6. Ce gâteau au citron est délicieux.
7. Cette lecon de francais est surprenante.

b) Dans les phrases précédentes, surligne les mots qui ont un *ç*, puis transcris-les ici.

Devant *a*	Devant *o*	Devant *u*
_____	_____	_____
_____	_____	_____
_____	_____	_____

2 a) Classe dans le tableau les mots qui sont soulignés.

1. Cette émission très intéressante fait partie d'une série sur le prince Sabin.

2. Il y avait un pamplemousse, un citron, une asperge et une branche de céleri dans la même assiette.

3. Paula voulait bercer le bébé dans son berceau et lui caresser la joue.

4. Pendant qu'elle berçait sa nièce, François est arrivé avec sa bicyclette et un cerceau.

5. Les seize enfants ont reçu chacun un suçon.

Le son [s]			
Mots avec *ss*	Mots avec *s*	Mots avec *c*	Mots avec *ç*
_____	_____	_____	_____
_____	_____	_____	_____
_____	_____	_____	_____
_____	_____	_____	_____
_____	_____	_____	_____
_____	_____	_____	_____
_____	_____	_____	_____
_____	_____	_____	_____

b) Vérifie si tu as transcrit les mots correctement, puis apprends leur orthographe par cœur.

La lettre *g* : son [g] ou son [j] ?

◎ La lettre *g* se prononce généralement comme dans *gazon*. C'est le son [g].

gazon   glace   gobelet   grimace   guenon

◎ Quand la lettre *g* est suivie des lettres *e*, *i* ou *y*, elle se prononce comme dans *Gisèle*. C'est le son [j].

Gisèle   généreux   gymnase

◎ Si tu veux obtenir le son [g], n'oublie pas de mettre un *u* devant les lettres *e*, *i* et *y*. Sinon, tu obtiendras le son [j].

une ba**gu**e (et non une ba~~ge~~)

une **gu**irlande (et non une ~~gi~~rlande)

mon amie **Gu**ylaine (et non mon amie ~~Gy~~laine)

a) Lis le texte suivant. Souligne tous les mots qui contiennent la lettre *g* puis classe-les dans le tableau.

La perruche de Gisèle

Oncle Guillaume a donné à tante Gisèle une jolie perruche. Que c'est agréable d'entendre son gazouillis ! Mais l'autre jour, fatigué d'être enfermé, l'oiseau est sorti de sa cage. Il est allé se jucher dans une grande guirlande. Puis il s'est mis à grimper dans les rideaux. Il est enfin allé se poser sur le gilet rouge de Ginette, la gentille gardienne de nos cousins. On a réussi à l'attraper. Pour nous remercier, notre oncle nous a offert un goûter généreux.

Mots avec la lettre *g*			
Son [g] comme dans *gazon*		**Son [j] comme dans *Gisèle***	
_____	_____	_____	_____
_____	_____	_____	_____
_____	_____	_____	_____
_____	_____	_____	_____
_____	_____	_____	_____

b) Vérifie si tu as transcrit les mots correctement, puis apprends leur orthographe par cœur.

Le son [j]

◎ Le son [j] s'obtient parfois avec la lettre **g**, parfois avec la lettre **j**.

jambe   rougeâtre   jugeote

Il n'y a pas de règle : il faut consulter un dictionnaire.

◎ Retiens cependant les deux trucs suivants.

- Devant **i** ou **y**, on utilise toujours la lettre **g**.

  une girafe   un gymnase

- Dans une syllabe finale, pour obtenir le son [j], on utilise toujours **ge**.

  Solange range la cage orange et rouge dans la grange.
  Monsieur Granger sait nager, mais ne sait pas plonger.

>>**1** Complète les mots à l'aide de la lettre *g* ou de la lettre *j*, afin d'obtenir le son [j]. Consulte un dictionnaire.

___aloux	gor___e	fra___ile
___éant	gara___e	ré___ime
___enou	___ournée	___oute
au___ourd'hui	py___ama	___ambon
___éographie	ma___uscule	ora___e
___ouet	a___enda	___anvier
___eune	___irafe	man___er
ga___er	vira___e	na___er
___aune	___elée	___uillet
___entil	___eter	â___e
___amais	___ymnase	___oyeux
___ardina___e	___oue	en ___énéral

2 Peux-tu relever un défi ? Complète les mots avec les lettres qui conviennent :

• g   • ge   • gu   • j

1. oran____ade

2. ____itare

3. con____u____er

4. bi____ou

5. lé____er

6. ba____a____e

7. rou____âtre

8. ____ardien

9. ____êpe

10. voya____

11. ____enille

12. ____âteau

Quand certains sons sont suivis des lettres *b*, *p* ou *m*

◎ En général :

- Le son [**an**] s'écrit : **an** ou **en** ⟶ ancêtre   tante   entourer   tente

- Le son [**in**] s'écrit : **in** ⟶ invisible   rincer

- Le son [**on**] s'écrit : **on** ⟶ oncle   long

◎ Mais devant *b*, *p* ou *m*, la lettre *n* devient *m*.

a**m**bulance   a**m**poule
e**m**brasser   e**m**prunter   e**m**mener
i**m**buvable   i**m**possible   i**m**mortel
to**m**ber   tro**m**per

Exception : bo**n**bon

1 Il manque la lettre *m* ou la lettre *n* à certains mots. Ajoute la lettre qui convient.

1. Le son du tro____bone jaillit dans la salle de co____cert.

2. Les tro____pettes résonnent. On croirait une fa____fare.

3. On entend au loin la sirène de l'a____bulance.

4. Le camion à i____cendie et les po____piers se joignent à la mêlée.

5. Quel ti____tamarre ! Le spectacle est i____terro____pu.

Quand certains sons sont suivis des lettres _b_, _p_ ou _m_

>> **2** Complète les mots en écrivant les lettres appropriées.

> Tu ne connais pas le mot ? Consulte ton dictionnaire.

1. Écris **am** ou **an** :

   une ____bulance, une ____poule, un ____cêtre,

   un ____cien, de l'____bition

2. Écris **em** ou **en** :

   ____viron, ____durer, ____brasser, l'____fance, ____mener

3. Écris **im** ou **in** :

   ____visible, ____possible, ____poli, une ____primante, ____térieur

4. Écris **om** ou **on** :

   une ____bre, un ____cle, un b____bon, une ____dée, une ____ce

L'apostrophe

◎ **L'apostrophe** est un signe qui permet d'enlever une voyelle devant un mot qui commence par une voyelle ou un _h_ muet.

- **Le cas de deux voyelles prononcées qui se rencontrent**

la~~a~~ amie	→	l'amie
le~~e~~ été	→	l'été
un jour de~~e~~ été	→	un jour d'été
Je veux que~~e~~ il vienne ici.	→	Je veux qu'il vienne ici.
Elle part parce que~~e~~ elle est malade.	→	Elle part parce qu'elle est malade.

- **Le cas du _h_ muet**

la~~a~~ herbe	→	l'herbe
le~~e~~ habit	→	l'habit
un jour de~~e~~ hiver	→	un jour d'hiver

Attention !

On conserve la voyelle devant un mot qui commence par un _h_ aspiré.

la haine, le héros

Certains dictionnaires indiquent si le _h_ est muet ou aspiré.

L'apostrophe

 1 Forme quatre phrases. Dans chacune de tes phrases, utilise un mot de la colonne de gauche et un mot de la colonne de droite.

- de
- je
- la
- le
- ~~que~~

- aime
- ~~Amélie~~
- ambulance
- escalier
- été

Ex. : _Nous voulons qu'Amélie vienne avec nous._

1. _____
2. _____
3. _____
4. _____

 2 Biffe la voyelle qui doit être remplacée par une apostrophe et mets celle-ci au-dessus. Utilise un crayon de couleur.

Ex. : Je te' ai vu hier à la piscine.

1. La hauteur de la clôture me inquiète.

2. La herbe est toujours plus verte chez le voisin.

3. Élise était toute trempée. Je la ai invitée à se réfugier sous le abri.

4. Nous sommes rentrés parce que il pleuvait trop.

5. Lorsque il fait trop froid, nous prenons le autobus.

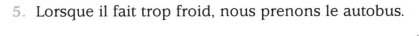

Des jeux d'orthographe

© Voici quelques jeux qui peuvent t'aider à mémoriser l'orthographe de certains mots. Utilise ton dictionnaire pour vérifier tes hypothèses.

Des hôtels rigolos

Règles du jeu

- Tu dois répondre à la question à l'aide d'un mot qui commence par le même son que le nom d'un animal. Cela peut donner des phrases rigolotes !
- Il faut répondre le plus vite possible, sans faire de fautes.
- Le dictionnaire est permis.

Attention ! Deux sons semblables s'écrivent parfois de la même manière, parfois non. Vérifie !

Ex. : Où dormira le thon ? Tu pourrais répondre : Le thon dormira *dans le tombeau*.
Tu pourrais aussi répondre : Le thon dormira *sur la tondeuse à gazon*.

Prêts ? Chronomètre ! Partez !

1. Où dormira le chat ?

   Le chat dormira _____

2. Où dormira le coq ?

   Le coq dormira _____

3. Où dormira le pou ?

   Le pou dormira _____

4. Où dormira le faon ?

   Le faon dormira _____

5. Où dormira la moule ?

   La moule dormira _____

6. Où dormira la mouche ?

   La mouche dormira _____

Les mots entrecroisés

Trouve les mots qui correspondent aux définitions et inscris-les dans la grille de la page suivante.

Indice : Tous les mots se terminent par le son [o]. Vérifie bien leur orthographe.

1. → Le petit d'une souris.

2. → La première note de la gamme de solfège.

3. ↓ L'envers d'une feuille.

4. ↓ Un moyen de transport sur l'eau.

5. → Le contraire d'une qualité, chez une personne.

6. ↓ Un vêtement qu'on met par-dessus les autres.

7. ↓ Le contraire de « tard ».

8. → Quand on quitte quelqu'un mais qu'on va le revoir, on dit : À…

9. ↓ Il y en a un à la fenêtre.

10. → Le liquide le plus répandu sur la Terre.

11. ↓ Il soutient des fils électriques le long des routes.

12. ↓ On en trouve au centre de certains fruits, comme au centre d'une pêche.

13. → On peut trouver ses trois lettres dans potable, potage, poteau, potiche.

14. ↓ Le petit de la vache.

15. → Nombre qui indique la place d'une chose dans une série, par exemple sur une case de vestiaire, sur un billet, etc.

16. → Autre nom pour désigner une bicyclette.

17. ↓ Contenant qui sert à transporter certaines choses. Les enfants s'en servent aussi pour jouer dans le sable.

18. → Un conduit qui fait circuler l'eau jusqu'au robinet.

19. → Le contraire de « bas ».

20. ↓ Un moyen de transport très répandu sur les routes.

1.→ s o u r i c e a u

Le jeu des syllabes

Règles du jeu

- Tu dois former le plus de mots possible, en combinant des syllabes.
- Pour former un nouveau mot, tu peux réutiliser une syllabe déjà employée.
- Tu peux ajouter des accents sur les lettres.
- Évidemment, tu dois écrire les mots sans fautes.

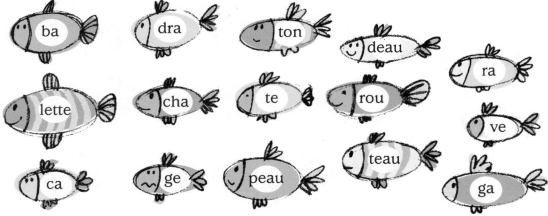

Ex.: *bateau* _____   _____

_____   _____

_____   _____

_____   _____

_____   _____

_____   _____

_____   _____

_____   _____

_____   _____

_____   _____

Des mots qui ont le même son

© Certains mots se prononcent exactement de la même façon. Cependant, ils n'ont pas la même signification et ils ne s'écrivent pas de la même façon.

Voici quelques-uns de ces mots et des moyens pour t'aider à les différencier.

Les mots *a* et *à*

Mots	Exemples	Classe des mots	Moyen de reconnaître le mot
a	Il a faim. Avec *tu*, c'est *as* : Tu as faim.	verbe *avoir*	Comme c'est un verbe, je peux le conjuguer à un autre temps. Il **avait** faim.
à	Tu déménages à Laval.	mot invariable	Je ne peux pas conjuguer le mot *à* puisque ce n'est pas un verbe. Tu déménages avais Laval.

Les mots *la* et *là*

Mots	Exemples	Classe des mots	Moyen de reconnaître le mot
la	La fleur est fanée. La jeune fille est partie.	déterminant	Il est dans un **GN**. Il est placé devant le nom ou l'adjectif. Comme c'est un déterminant, je peux le remplacer par un autre déterminant, par exemple : *une*. **Une** fleur est fanée. **Une** jeune fille est partie.
	Cette pomme, je la veux.	pronom	Il remplace un **GN**. Il est souvent placé devant un verbe. Comme ce n'est pas un déterminant, je ne peux pas le remplacer par *une*. Cette pomme, je une veux.
là	Je m'en vais là.	mot invariable	Il indique un endroit. Je peux le remplacer par *à cet endroit*. Je m'en vais **à cet endroit**.

Les mots *mes* et *mais*

Mots	Exemples	Classe des mots	Moyen de reconnaître le mot
mes	J'ai pris <u>mes</u> cahiers. J'aime <u>mes</u> <u>nouveaux souliers</u>.	déterminant possessif	Il est dans un <u>GN</u>. Il est placé devant le nom ou l'adjectif. Comme c'est un déterminant, je peux le remplacer par un autre déterminant, par exemple : *tes*. J'ai pris **tes** cahiers. J'aime **tes** nouveaux souliers.
mais	Il est gentil, mais il est impatient.	marqueur de relation (mot invariable)	Il exprime une opposition, une restriction. Comme ce n'est pas un déterminant, je ne peux pas le remplacer par un déterminant, comme *tes*. Il est gentil, ~~tes~~ il est impatient.

Les mots *on* et *ont*

Mots	Exemples	Classe des mots	Moyen de reconnaître le mot
on	On rit fort. On aime s'amuser.	pronom, 3e personne du singulier (Le pronom *on* est toujours sujet.)	Comme c'est un pronom, je peux le remplacer par un autre pronom, comme *il*, *elle*, ou par un nom, comme *Léon*. **Il** rit fort. **Léon** aime s'amuser.
ont	Elles ont faim.	verbe *avoir*	Comme c'est le verbe *avoir*, je peux le mettre à un autre temps. Elles **avaient** faim.

Des mots qui ont le même son

Les mots *ou* et *où*

Mots	Exemples	Classe des mots	Moyen de reconnaître le mot
ou	Veux-tu du lait ou du jus?	mot invariable	Il signifie *ou bien*. Veux-tu du lait **ou bien** du jus?
où	Où vas-tu?	mot invariable	C'est un mot interrogatif qui désigne un lieu. Je ne peux pas le remplacer par *ou bien*. ~~Ou bien~~ vas-tu?

Où vas-tu?
Ici ou là?

Les mots *son* et *sont*

Mots	Exemples	Classe des mots	Moyen de reconnaître le mot
son	Luc frotte son nez. On adore son joli nez.	déterminant possessif	Il est dans un <u>GN</u>. Il est placé devant le nom ou l'adjectif. Comme c'est un déterminant, je peux le remplacer par un autre déterminant, par exemple : *ton*. Luc frotte **ton** nez. On adore **ton** joli nez.
sont	Les chats sont ici.	verbe *être*	Comme c'est un verbe, je peux le conjuguer à un autre temps. Les chats **étaient** ici.

Hé! Ils sont partis avec son argent!

>> **Les mots *a* et *à*** (Consulte le tableau de la page 153.)

a) Complète la phrase en écrivant le mot
qui convient : *a* ou *à*.

b) Au-dessus du mot, indique s'il s'agit
du verbe *avoir* ou d'un mot invariable.

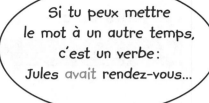

Si tu peux mettre
le mot à un autre temps,
c'est un verbe :
Jules avait rendez-vous...

___V avoir___   ___mot invar.___

Ex.: Jules __a__ rendez-vous __à__ l'aéroport.

_____

1. Jules s'en va en voyage. Il va _____ Lima, au Pérou.

_____

2. Dans sa valise, il _____ des sous-vêtements,
un chandail et deux pantalons.

_____

3. Dans un étui, il _____ son passeport et d'autres
papiers importants.

_____

4. Avec ses parents, il se rend _____ l'aéroport de Montréal.

_____

5. Ses grands-parents l'attendront _____ la salle des voyageurs
de l'aéroport de Lima.

_____

6. Il n'_____ pas peur de l'avion, mais il craint de s'ennuyer là-bas.

_____

7. Tout à coup, il y _____ un gros orage. Le départ est retardé.

_____

8. Jules _____ vraiment hâte de monter à bord de l'avion et de décoller.

Des mots qui ont le même son

Les mots *la* et *là* (Consulte le tableau de la page 153.)

> Le mot invariable *là* veut dire « à cet endroit ».

» 1 **a)** Complète la phrase en écrivant le mot qui convient :
la ou *là*.

b) Au-dessus du mot, indique s'il s'agit d'un déterminant
ou d'un mot invariable.

c) Lorsqu'il s'agit d'un déterminant, souligne le nom qu'il introduit.

mot invar.   dét.

Ex.: Béatrice est au parc. Elle va __là__ tous les jours, si __la__ température
le permet.

_____

1. _____ couleur du ciel est sublime aujourd'hui.

_____   _____

2. Nous avons _____ chance d'aller à _____ ferme de mon oncle.

_____   _____

3. _____ poule picore tantôt ici, tantôt _____ .

_____   _____

4. _____ mignonne chèvre a décidé de passer par _____ .

» 2 Au-dessus de chaque mot en caractères gras, indique s'il s'agit
d'un déterminant, d'un pronom ou d'un mot invariable.
Utilise les abréviations : dét., pron., mot invar.

> Souviens-toi : un pronom peut remplacer un groupe du nom. Il est souvent devant un verbe.

_____   _____

1. **La** jument a eu une pouliche. Elle **la** lèche.

_____

2. Elle **la** nourrit.

_____

3. **La** jeune bête est-elle malade ?

_____   _____

4. Heureusement, **la** vétérinaire est **là**.

_____

5. Elle va **la** soigner rapidement.

Des mots qui ont le même son

Les mots *mes* et *mais* (Consulte le tableau de la page 154.)

»1 **a)** Écris le mot qui convient : *mes* ou *mais*.

b) Écris au-dessus le moyen que tu as utilisé pour choisir le mot, comme dans l'exemple.

<u> Tes </u>   <u> ~~tes~~ </u>

Ex.: <u> Mes </u> parents n'aiment pas le chocolat, <u> mais </u> ils m'en donnent parfois.

     _____   _____

1. _____ chats sont petits, _____ ils sont très turbulents.

                 _____

2. Je ne veux plus jouer avec _____ amis.

     _____

3. _____ qu'est-ce que tu fais là ?

     _____

4. _____ je suis chez moi, ici ! Vous voyez

bien que ce sont _____ affaires.

                      _____

5. Tu as tes qualités, elle a ses qualités et moi, j'ai _____ qualités.

     _____

_____ avons-nous des défauts ?

»2 Rédige une phrase avec *mes* et une phrase avec *mais*.

- _____

_____

- _____

_____

Des mots qui ont le même son

Les mots *on* et *ont* (Consulte le tableau de la page 154.)

1 **a)** Entoure le pronom ***on*** et remplace-le par « Léon ».
b) Souligne le mot ***ont***. C'est le verbe *avoir*. Mets-le à un autre temps.

    Léon   avaient
_____

Ex.: (On) crie de frayeur. Ils ont un masque de monstre.

_____

1. On a souvent peur de choses qui n'existent pas.

_____

2. Manon et Sophie ont beaucoup d'imagination.

_____

3. Leurs parents ont parfois de la difficulté à les comprendre.

_____

4. On a bien ri quand elles nous ont raconté des histoires abracadabrantes.

_____

5. On n'a pas autant d'imagination.

2 Ajoute le mot qui convient : *on* ou *ont*.
Lorsque tu utilises le pronom *on*, écris « Léon » au-dessus.

    Léon
_____

Ex.: ___On___ a souvent besoin d'un plus petit que soi.

_____

1. Est-ce qu'_____ va au cinéma, aujourd'hui ?

_____

2. Mes parents _____ des laissez-passer.

_____

3. _____ choisit une comédie : _____ veut rire et se détendre.

_____

4. Les autres _____ choisi un drame.

Des mots qui ont le même son

Les mots *ou* et *où* (Consulte le tableau de la page 155.)

1 **a)** Complète la phrase en écrivant le mot qui convient : *ou* ou *où*.

b) Au-dessus du mot, écris sa signification.

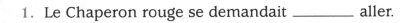
À quel endroit   ou bien

Ex. : ___Où___ vais-je aller ? À Rio ___ou___ à Victoriaville ?

_____

1. Le Chaperon rouge se demandait _____ aller.

_____

2. Vais-je passer par ce sentier-ci _____ par celui-là ?

_____

3. Qu'est-ce que j'apporte à grand-mère : des galettes _____ de la confiture ?

_____

4. Grand-mère, je ne te vois pas ! _____ es-tu ?

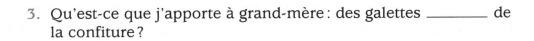**2** Rédige une phrase avec le mot *ou* et une phrase avec le mot *où*. Au-dessus de ces mots, écris leur signification.

• _____

_____

_____

• _____

_____

_____

Des mots qui ont le même son

Les mots *son* et *sont* (Consulte le tableau de la page 155.)

1 **a)** Récris chaque phrase à la 3ᵉ personne du singulier. Mets le déterminant qui se rapporte à la même personne, comme dans l'exemple.

Ex.: Je mets <u>mon</u> imperméable.

Il <u>met son imperméable.</u> _____

1. Je plie mon long cou.

Elle _____

2. Tu as apporté ton tambour.

Il _____

3. Nous défendons notre opinion.

Martin _____

b) Observe les phrases que tu as écrites, puis complète les phrases suivantes.

Le mot « son » est un _____ .

Il fait toujours partie d'un groupe du _____ .

2 **a)** Récris chaque phrase en mettant le verbe *être* à l'indicatif présent.

Ex.: Autrefois, les gens étaient aimables.

<u>Aujourd'hui, les gens sont aimables.</u> _____

1. Autrefois, les enfants étaient curieux.

Aujourd'hui, _____

2. Hier, Thomas et Sylvie étaient en retard.

Aujourd'hui, _____

3. Le mois dernier, tous les visiteurs étaient contents d'être venus.

Ce mois-ci, _____

_____

b) Complète la phrase suivante.

Le mot « sont » est le verbe _____ à l'indicatif présent,

à la 3ᵉ personne du _____ .

Conjugaison

Verbe *avoir*

Mode indicatif

Présent	
j'	ai
tu	as
il / elle	a
nous	avons
vous	avez
ils / elles	ont

Imparfait	
j'	avais
tu	avais
il / elle	avait
nous	avions
vous	aviez
ils / elles	avaient

Passé composé	
j'	ai eu
tu	as eu
il / elle	a eu
nous	avons eu
vous	avez eu
ils / elles	ont eu

Futur simple	
j'	aurai
tu	auras
il / elle	aura
nous	aurons
vous	aurez
ils / elles	auront

Conditionnel présent	
j'	aurais
tu	aurais
il / elle	aurait
nous	aurions
vous	auriez
ils / elles	auraient

Verbe *être*

Mode indicatif

Présent	
je	suis
tu	es
il / elle	est
nous	sommes
vous	êtes
ils / elles	sont

Imparfait	
j'	étais
tu	étais
il / elle	était
nous	étions
vous	étiez
ils / elles	étaient

Passé composé	
j'	ai été
tu	as été
il / elle	a été
nous	avons été
vous	avez été
ils / elles	ont été

Futur simple	
je	serai
tu	seras
il / elle	sera
nous	serons
vous	serez
ils / elles	seront

Conditionnel présent	
je	serais
tu	serais
il / elle	serait
nous	serions
vous	seriez
ils / elles	seraient

Verbe *aller*

Mode indicatif

Présent	
je	vais
tu	vas
il / elle	va
nous	allons
vous	allez
ils / elles	vont

Imparfait	
j'	allais
tu	allais
il / elle	allait
nous	allions
vous	alliez
ils / elles	allaient

Passé composé	
je	suis allé / allée
tu	es allé / allée
il / elle	est allé / allée
nous	sommes allés / allées
vous	êtes allés / allées
ils / elles	sont allés / allées

Futur simple	
j'	irai
tu	iras
il / elle	ira
nous	irons
vous	irez
ils / elles	iront

Conditionnel présent	
j'	irais
tu	irais
il / elle	irait
nous	irions
vous	iriez
ils / elles	iraient

Verbe *faire*

Mode indicatif

Présent	
je	fais
tu	fais
il / elle	fait
nous	faisons
vous	faites
ils / elles	font

Imparfait	
je	faisais
tu	faisais
il / elle	faisait
nous	faisions
vous	faisiez
ils / elles	faisaient

Passé composé	
j'	ai fait
tu	as fait
il / elle	a fait
nous	avons fait
vous	avez fait
ils / elles	ont fait

Futur simple	
je	ferai
tu	feras
il / elle	fera
nous	ferons
vous	ferez
ils / elles	feront

Conditionnel présent	
je	ferais
tu	ferais
il / elle	ferait
nous	ferions
vous	feriez
ils / elles	feraient

Les classes de mots variables

Chaque mot appartient à une **classe**.

En 3ᵉ et 4ᵉ années, tu te familiarises avec les **classes de mots variables**. On les appelle « variables » parce qu'ils peuvent varier selon le genre (masculin ou féminin), le nombre (singulier ou pluriel) ou encore selon la personne (1ʳᵉ, 2ᵉ ou 3ᵉ).

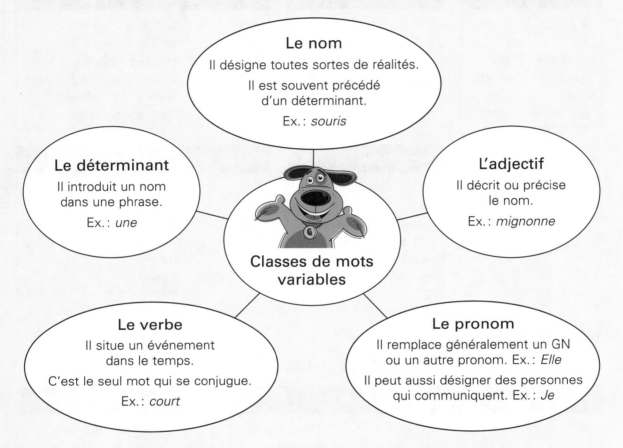

Le nom

Il désigne toutes sortes de réalités.

Il est souvent précédé d'un déterminant.

Ex. : *souris*

Le déterminant

Il introduit un nom dans une phrase.

Ex. : *une*

L'adjectif

Il décrit ou précise le nom.

Ex. : *mignonne*

Classes de mots variables

Le verbe

Il situe un événement dans le temps.

C'est le seul mot qui se conjugue.

Ex. : *court*

Le pronom

Il remplace généralement un GN ou un autre pronom. Ex. : *Elle*

Il peut aussi désigner des personnes qui communiquent. Ex. : *Je*

Dans les phrases suivantes, nous indiquons la classe des mots variables.

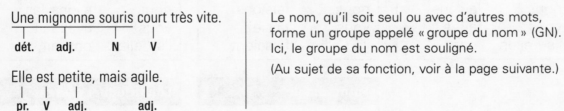

Une mignonne souris court très vite.
  dét.   adj.   N   V

Elle est petite, mais agile.
pr.   V   adj.   adj.

Le nom, qu'il soit seul ou avec d'autres mots, forme un groupe appelé « groupe du nom » (GN). Ici, le groupe du nom est souligné.

(Au sujet de sa fonction, voir à la page suivante.)

Les autres mots sont des **mots invariables**, c'est-à-dire des mots qui ne changent jamais. Ils s'écrivent toujours de la même façon. Voici quelques exemples :

- très, vite, toujours, hier, demain, aujourd'hui, jamais, souvent, d'abord, ensuite
- et, ou, mais, car, parce que
- à, de, pour, en

La phrase

◎ Une phrase comprend un **groupe sujet** et un **groupe du verbe**.

Phrase 1   Une mignonne souris court très vite.

Phrase 2   Léo aime les souris.

◎ Le **groupe sujet**, c'est <u>de qui</u> ou <u>de quoi</u> parle la phrase.

Dans la phrase 1, on parle d'« Une mignonne souris ».

Dans la phrase 2, on parle de « Léo ».

> On peut aussi trouver le sujet en posant la question
> « Qui est-ce qui…? » devant le verbe conjugué :
> « Qui est-ce qui court très vite ? »
> **C'est** une mignonne souris **qui** court très vite :
> « une mignonne souris » est le sujet (ou groupe sujet).

◎ Le **groupe du verbe**, c'est ce qu'on dit <u>à propos</u> du sujet.

Dans la phrase 1, on dit de la souris qu'elle « court très vite ».

Dans la phrase 2, on dit de Léo qu'il « aime les souris ».

Attention ! Il ne faut pas confondre la classe d'un mot et sa fonction dans la phrase.

1. Une mignonne souris court très vite.

2. Léo aime les souris.

Dans la phrase 1, le groupe du nom « Une mignonne souris » occupe la **fonction** sujet.

Dans la phrase 2, le groupe du nom « les souris » n'occupe pas la fonction sujet ; sa fonction est de compléter le verbe.

Mais dans les deux cas, le mot « souris » appartient à la **classe** des noms.

165

Calligraphie

A a a   B b b   C c c

D d d   E e e   F f f

G g g   H h h   I i i

J j j   K k k   L l l

M m m   N n n   O o o

P p p   Q q q   R r r

S s s   T t t   U u u

V v v   W w w   X x x

Y y y   Z z z

0 1 2 3 4 5 6 7 8 9